AF494035

1901 - Avril. 3.

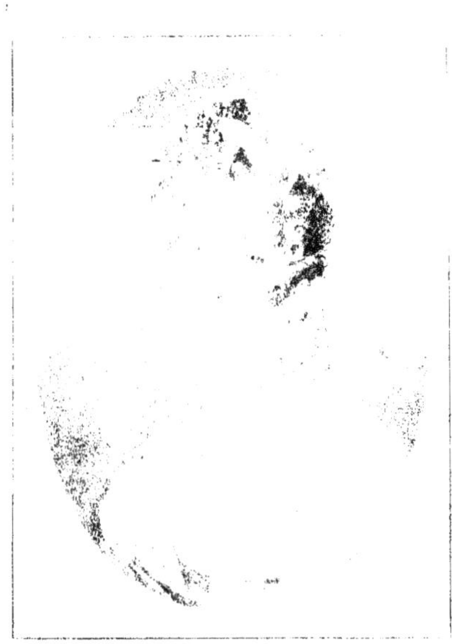

ISABEY

ESTAMPES

DES XVIᵉ, XVIIᵉ, XVIII ET XIX SIÈCLES

Les Mercredi [illegible], Jeudi [illegible] et Vendredi [illegible] Avril [illegible] heures

HÔTEL DROUOT, Salle N° [illegible]

Mᵉ Maurice DELESTRE

M. Loys DELTEIL

Dans le courant d'Avril

VENTE

D'une Collection d'ex-libris

M MAURICE DELESTRE

M. LOYS DELTEIL

ESTAMPES

ÉCOLES ANCIENNES DES XVIe et XVIIe SIÈCLES

Portraits Français du XVIIe siècle

(DREVET, EDELINCK, MORIN, NANTEUIL)

Ecoles Française & Anglaise

DU XVIIIe SIÈCLE

Estampes relatives à la Révolution et au 1er Empire

SPORTS

Eaux-fortes modernes, lithographies

Dont la vente aura lieu à Paris

HOTEL DROUOT, Salle No 8

Les Mercredi 3, Jeudi 4, et Vendredi 5 Avril 1901, à 2 heures

Me MAURICE DELESTRE
COMMISSAIRE-PRISEUR
5, Rue St-Georges

M. LOYS DELTEIL
ARTISTE-GRAVEUR, EXPERT
67, Rue Ste-Anne

CONDITIONS DE LA VENTE

Elle sera faite au comptant.

Les acquéreurs paieront *dix pour cent* en sus des adjudications.

M. Loys Delteil remplira les commissions que voudront bien lui confier les personnes ne pouvant y assister ; il se réserve en outre la faculté de diviser ou de rassembler les n^os^.

MM. les amateurs pourront visiter la collection *67, Rue Sainte-Anne, du Mercredi 27 Mars au Mardi 2 Avril, de 10 h. à 4 heures.*

ORDRE DES VACATIONS

Mercredi	3 Avril	........N^os	1 à 200
Jeudi	4 —	.... »	201 à 400
Vendredi	5 —	.... »	401 à la fin.

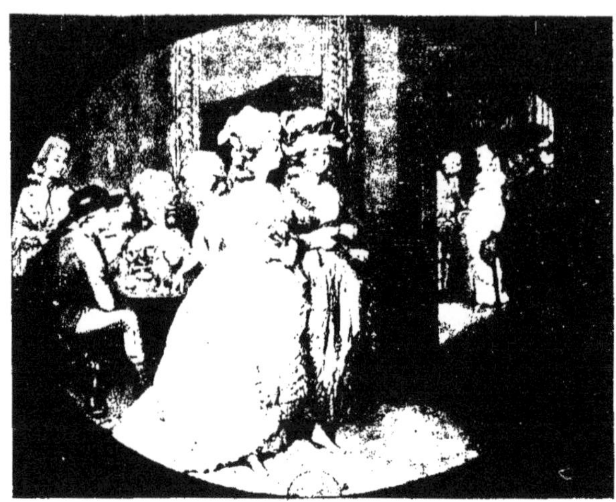

SMITH

(Numero 568 du Catalogue)

Alix (Pierre-Michel)

1. Treilhard (J. B.), membre du Directoire exécutif? en grand costume de Directeur, avec un chapeau empanaché de plumes tricolores ; cadre carré orné de faisceaux. — Tr. b. ép. imp. en couleurs, sans aucunes lettres, d'un portrait de la plus grande rareté ; une épreuve figure dans la collection de MM. Béraldi qui regardent ce portrait comme étant celui de Barras.

Almanachs

2. Les Hommages rendus au Roy à Strasbourg et Cazal le 30 septembre 1681. — In-fol. (Partie supérieure d'almanach).
3. M. le Mareschal d'Humière envoye M. le Marquis d'Uxelle, à la Ville de Courtray qui s'est rendue, le 5 nov. 1683. — In-fol. (Partie sup.)
4. Le Mariage de Mgr le Duc de Bourbon avec Mlle de Nantes, dans la chapelle de Versailles, 24 juillet 1685. — In-fol. (Partie sup.) B. ép. Rare.
5. La Lotterie chimérique d'Augsbourg, almanach pour 1692. — Gr. in-fol.
6. Le Commerce de Mer, rétabli par la Paix générale en 1697, à Paris chez Landry). — Gr. in-fol. (le calendrier enlevé).

7. Le Camp de Coudun près de Compiègne, ou l'Art de la Guerre enseigné par le Roy à Messeigneurs les Princes Enfants de France, en 1698. — In-fol. B. ép. (Partie sup.)
8. Louis XIII dans un quadrige, couronné par la Victoire. — Louis XIV entouré de figures allégoriques. — Louis XV jeune et son Conseil. — Les Ordres du Roy (Louis XV) exécutés par sa Chambre de Justice, 1716. — Quatre p. in-fol. (Parties supérieures d'almanachs ou de thèses).
9. Almanach en deux feuilles, surmonté de douze portraits : Louis XV, Mme Elisabeth, Louis XVI, Marie-Antoinette, etc. — B. exempl. légèrement rogné. Rare.
10. Sujets gracieux, d'apr. Fragonard, Eisen, Boucher, Chardin, 12 petits pl. — Aventures de Henri IV, 12 pl. — Aventures de Pierre-le-Grand de Russie, 12 pl. En tout 36 sujets. — B. ép.

Amérique (Estampes relatives à l')

11. *Americus Vespuccius Florentinus... — Americæ retectio.* — Deux p. in-4°, publiées par Matteo Florimi.
12. *The Situation of the Quebec and Surveillante after their Engagement*, 6 oct. 1779, par R. Pollard.— In-fol. B. ép.
13. *The death of General Wolfe,* par T. Falkeisen, d'apr. B. West. — Gr. in-fol. Tr. b. ép. m.
14. Caricatures hollandaises relatives à l'Amérique. — Quatre curieuses p. du XVIIIe siècle. Tr. b. ép. av^t^ l. l. m. Rares.
15. *Seetreffen zwischen dem Amerikanischen schiffe « United states »... und « Macedonian »* (1812), par F. Kretzschmann. — In-fol. B. ép. m.
16. Thad. Kosciuszko, par Deinert, d'apr. Andreas. — In-fol. Tr. b. ép.
17. Les Quatre parties du Monde : Europe-Asie-Afrique-*Amérique*. Quatre p. gr. in-fol., par B. S. Setlezky, d'apr. G. B. Goz. B. ép. coloriées. Rares.

Anonymes

18. *Voyci du Grand Henry le glorieux Tombeau. Voyci le Monument du Phœnix des Monarques...*— Très curieuse p. comprenant diverses scènes relatives à Henri IV et Louis XIII jeune. — In-fol. B. ép. Très rare.
19. Louis XIII en grand costume royal entouré des Princes et Princesses du sang. — P. in-fol., anonyme, allemande. Tr. b. ép. légèrement rognée à droite.

Audebert

20. Le Comte de Toulouse-Lautrec, député à l'Assemblée Nationale (1789), en pied. — Gr. in-fol. Tr. b. ép. à t. m.

Audouin (Pierre)

21. Mirabeau, d'après M***. — In-fol. Tr. b. ép. m.

Audran (Jean)

22. Coyzevox (Ant.), d'apr. H. Rigaud (D. 63). Tr. b. et rare ép. du 1er état, avt t. l., gr. m.

Autographes

23. Lettres autographes de Victor Hugo, Lamartine, Th. de Banville, Gustave Flaubert, Henri Martin, E. Renan, Henri Monnier, Alex. Dumas, Balzac, George Sand, Emile Deschanel, etc. — Soixante-quinze lettres autographes. *Ce numéro sera divisé.*

Auvray (Elie)

24. Adélaïde. — In-fol. de forme ronde. Tr. b. ép. imp. en bistre et en sanguine, à gr. m.

Aveline (Pierre)

25. Chuppin (N. A.), d'apr. Autreau fils. — B. ép. avt l. l.

Avril (Jean-Jacques)

26. La Patriotisme français. — La double Récompense du Mérite. — Deux p. in-fol., d'apr. P. A. Wille, faisant pendants. B. ép., la seconde avt t. l.

Baléchou (Jean-Joseph)

27. Sainte Geneviève, d'apr. C. Van Loo — B. et rare épr. du 1er état, avt t. l., avt les armes, etc., m. (une déchirure restaurée).
28. Julienne (Jean de), d'apr. De Troy (D. 80). — Tr. b. ép.

Ballons (Estampes sur les)

29. *Expérience aérostatique faite à Versailles le 19 Septembre 1783... Par MM. de Montgolfier.* — Petit in-fol. B. ép.
30. *Le Moment d'hilarité universelle ou le Triomphe de MM. Charles et Robert au Jardin des Thuileries, le 1er décembre 1783,* par H. G. Bertaux. — Tr. b. ép. à gr. m.
31. Expérience du Globe aérostatique de MM. Charles et Robert au Jardin des Thuileries, le 1er décembre 1783. — In-4°. Tr. b. ép.
32. Montgolfière la Gustave, montée par M. Fleurant à la montée de Balmont, le 4 juin 1784, par C. Boily. — In-fol.

33. La Minerve, vaisseau aérien destiné aux découvertes, par le prof. Robertson. — In-fol. B. ép. coloriée. Rare.

34. *Verbesserung der Sitten*, par D. Chodowiecki. — In-4°. Tr. b. ép.

35. *A Scene in the Farce of Lofty Projects as performed with great success for the Benefit*... par G. Cruikshank, 1825. — In-fol. Tr. b. ép. coloriée.

36. Le Vaisseau aérien, l'Avenir. — Autre vaisseau aérien. — Deux aquarelles. In-fol., signées : V Neblig.

Barbery (Louis)

37. Miramion (Mme de), d'apr. P. Mignard. — In-fol. Tr. b. ép. du 1er état, av^t les vers sur le socle.

Bartolozzi (Francesco)

38. *Cleopatra and Meleagar*. — *Paulus Aemilius*. — Deux p. in-fol., faisant pendants, d'apr. Aug Kauffman, 1783. B. ép. imp. en sanguine, m.

Basan (F.) et Bosse (A.)

39. Dictionnaire des graveurs anciens et modernes, 2e édition, Paris, 1789 — 2 vol in-8°, rel., ornés de 50 estampes par divers artistes. — De la manière de graver à l'eau-forte et au burin... Paris, Jombert, 1745. — Catalogue des estampes gravées, d'apr. P. P. Rubens, 1767 ens., 4 vol. in-8°.

Baudouin (d'après P. A.)

40. Le Léger vêtement, par Chevillet (E. B. 28). — B. ép.

Bernard (Louis)

41. Monseigneur (Louis, Dauphin de France). (Le B. 7). — Tr. b. ép. à gr. m.

Bertaux (d'après Duplessis)

42. Le Charlatan allemand, par Helman. — B. et rare ép. à *l'eau-forte pure*.

43. Le Charlatan français, par le même. — B. ép. m.

Bervic (Ch. Clément)

44. Vergennes (Ch. Gravier, Comte de), 1780. — In-fol. Deux sup. ép. dont une avant l. l., m. Très-rare.

Bigg (d'après William)

45. *The Charitable Lady*, par Grant et Bonnefoy. — In-fol. T, b. ép. imp. en couleurs, m.

Blois (Abraham de)

46. Mazarin (Hortense Mancini, D^sse de), d'ap. P. Lely. — In-4°. Tr. b. ép. à gr. m. Rare.

Boilly (d'après Louis)

47. *Ah! comme il y viendra!* par A. F. Clavareau. Tr. b. ép. m.
48. Le Cadeau, par J. Bonnefoy. — B. ép. m.
49. Le Cadeau délicat, par S. Tresca. — B. ép. m.
50. La Crainte mal fondée, par Mixelle. — Tr. b. ép. coloriée, m.
51. Défends-Moi, par Petit. — B. ép.
52. *Hony soit qui mal y pense*, par J. Bonnefoy. — B. ép.
53. On nous Voit, par Petit. — B. ép.
54. L'Optique, par F. Cazenave. — Gr. in-fol. B. ép. avec la 1re adresse (trous de vers).
55. Prend ce Biscuit, par G. Vidal. — Gr. in-fol. Tr. b. ép. à t. m.
56. Que ni est-il encore, par Petit. — B. ép.
57. Les Conseils Maternels. — L'Evanouissement. — Deux p. in-fol., par S. Tresca, faisant pendants. B. ép., la 1re à gr. m.
58. Poussez Ferme. — Ah! Ah! qu'il est sot. — Deux p. in-fol. par Petit, faisant pendants.
59. Prends ce Biscuit. — Nous étions deux, nous voilà trois. — Deux p. in-fol., par Vidal, faisant pendants. B. ép. imp. en couleurs et coloriées, remmargées.

Boilly (L.) et Vernet (Carle)

60. Le Tondeur de chiens. — La Vielleuse. — La Danse des chiens. — L'équilibre du Verre. — Quatre lith. in-fol. Tr. b. ép. coloriées.

Boissieu (Jean-Jacques de)

61. L'Ecrivain public près de son échoppe (R. 8). Les Grands Tonneliers (9). Les Grands Charlatans, d'ap. K. Du Jardin (140). — Trois p. in-fol. Sup. et rares épr. en 1ers états.

Bol (Ferdinand)

62. Portrait d'un officier (B. 31). — Tr. b. ép.

Bonnet (Louis Marin)

63. *Jupiter and Antiope.* — *Pan and Syrinx.* — Deux p. in-fol., faisant pendants, d'apr. Ph. Caresme? Tr. b. ép. imp. en couleurs, m.
64. L'Amour prie Vénus de lui rendre ses armes, d'apr. F. Boucher. — B. ép. imp. en 2 tons, m.
65. Vénus et Amour, d'ap. le même. — B. ép.
66. Nymphe de Flore. — Baigneuse sortant de l'eau. — Deux p. ovales faisant pendant. B. ép. imp. en couleurs, la 2e remmargée.
67. Sujets galants. — Deux p. ovales in-8. Tr. b. ép. imp. en couleurs.
68. Le Beau Miroir. — La Toilette en désordre. — Deux p. ovales anonymes faisant pendants. B. ép. imp. en couleurs, la 2e sans marges.
69. *Henry and Emma.* — Deux p. ovales in-8, imp. en couleurs.
70. Du Barry (Mme la Csse), 1769. — In-8. Tr. b. ép., imp. en deux tons, d'une petite pièce fort rare. État antérieur *avant le cuivre réduit.*
71. Provence (M. J.-Louise de Savoie Csse de), d'apr. Drouais. — Artois (Ch.-Phil. de France, Cte d'), d'apr. Vanloo. — Deux p. gr. in-fol. B. épr. imp. en sanguine.

Bosse (Abraham)

72. Cérémonie observée au contrat de mariage (entre Vladislas de Pologne et L. Marie de Gonzague) passé à Fontainebleau, 1645 (G. D., 1223). — B. ép. à gr. m.
73. Les Forces de la France soubz le Regne de Louis le Iuste. (G. D., 1228). — Louis XIII sous la figure d'Hercule (1241). — Deux p. B. ép.
74. Les Vœux du Roy et de la Reyne à la Vierge (G. D. 1225). — B. ép. Rare.
75. Préparation du Soldat chrestien au combat spirituel (G. D. 216). — Tr. b. ép.
76. Les Quatre Ages de la Vie, modèle d'éventail. (G. D. 1036.) — Tr. b. ép. de la *copie*, m.
77. *Voicy la représentation d'un Sculpteur dans son Attelier.* 1642 — In-fol. B, ép.
78. L'Enfance. — La Noce de Oillage. — Les Vierges sages. — Six p. in-fol. Tr. b. ép.
79. La Veue. — L'Ouye. — Le Touché. — L'Automne. — La Femme qui bat son mari. — Le Mari qui bat sa Femme. — Six p. B. ép. (les bordures coupées à 5 pl.).

Boucher (d'après François)

80. Les Deux Bergères, par...? — Petit in-fol. Sup. ép. avt l. m.

81. Les Quatre Éléments, représentés par des Amours, par J. Daullé (Del. 148-151). Suite de 4 p. — B. ép. m.

Bouquet (Auguste)

81bis. Son propre Portrait. — Petit in-fol. Tr. b. ép, Rare.

Boutons

82. Bustes de Femmes et d'Hommes de l'époque du Ier Empire, 15 petits motifs sur une pl., anonyme. — Tr. b. ép., coloriée.

Bouys (André)

83. Loison (Catherine de), d'après F. de Troy (R. D. 10). — Tr. b. ép. à gr. m. Rare.

Bracquemond (Félix)

84. Érasme, d'après Holbein (H. B. 39). — Sup. ép. du 8e état, avt l. l., sur japon. Rare.

Brissart (Pierre)

85. Statue de Henri IV. — In-fol. Tr. b. ép. avec les deux pages de texte explicatif. Rare.

Brunet-Debaisnes (A).

86. Pastorale, d'après Corot (H. B. 37). — Sup. ép. d'artiste, sur japon, signée. Encadrée.

Callot (Jacques)

87. Combat à la barrière (M. 492-503). Suite complète, moins la pl. *le Bras armé*. — Tr. b. ép., m.
88. Les grandes Misères de la Guerre (M. 564-581). — B. épr. du 2e état, incomplète de la pl. 17. Soit dix-sept p., avec m.
80. La Grande Thèse, dite énigmatique ou symbolique (M. 615). Gr. in-fol. Tr. b. ép. du 1er état.
90. Parterre ou Jardin de Nancy (622). — Tr. b. ép. du 1er état
91. Les Gueux ou Mendiants (M. 685-709). — Suite de vingt-cinq p. dont nous ne possédons que dix-huit pl. — Tr. b. ép. du 1er état, avt les nos.
92. Les Caprices (M. 768). Suite de cinquante p. dont nous ne possédons que 39 pl. (2e suite gravée à Nancy). — Tr. b. ép. du 1er état, avt l'adr. d'Isr. Silvestre.
92bis. Les Fantaisies (M. 868-881), Suite complète de quatorze p. — B. ép. avec les nos.

Cals (A.-F.)

93. Enfantin (le Père). — Fournel (Henri). — Barrault, M. Chevalier, Ch. Duveyrier. — Trois p. d'apr. L. Coignet et Decaisne. B. ép.
94. Enfantin (le Père). Barrault, M. Chevalier, Ch, Duveyrier. — 1re pl. inédite.

N. B. — Ces lithographies du maitre, restées inconnues jusqu'à présent aux biographes, sont fort rares.

Canale (Joseph)

95. Marie-Antoinette, Pcsse de Pologne, Électrice de Saxe, d'après elle-même. — In-fol., 1764. B. ép. m.

Caresme (d'après Phil.)

96. La petite Thérèse, par J. Couché. — B. ép. avt la dédicace, m.
97. Le Refus inutile, par F. Flipart. — Tr. b. ép. m.

Carmontelle (L. Carogis de)

98. Besenval (le Bon de), en pied (P. de B.) — Tr. b. ép. à t. m.
99. Durey de Meynières, par Delafosse. — Lambert (9 et 14), — Deux p. B. ép.
100. Fontenay (G. F. de), par Delafosse. — Xaupi (J.) (11 et 27). — Deux p. B. ép.
101. Dortous de Mairan (17). — Tr. b. ép. gr. m.

Carrière (Eugène)

102. Chavannes (Puvis de). — In-fol. Tr. b. ép. à t. m., signée.

Cars (Laurent)

103. Lambese (Louis de Lorraine, prince de). — In-fol. Tr. b. ép., m.

Cathelin (Louis-Jacques)

104. Marie-Antoinette, reine de France, d'apr. Fredou. — In-fol. Tr. b. ép., m. Très rare.
105. D'Eon de Beaumont (C. G. L. A. Timothea), d'après Ducreux. — In-fol. Sup. ép. à gr. m. Rare.

Challe (d'après M. A.)

106. Sujets galants. Deux petits in-fol. faisant pendants. — Tr. b. ép. remmargées. (L'une d'elles porte au verso l'impression de la moitié de la *Rose mal défendue*, de Debucourt.)

Chardin (d'après J.-B. Siméon)

107. Le Château de Cartes, par Aveline (E. B. 10). — B. ép.
108. Le Château de Cartes, par S. Duflos (11 B.). — Tr. b. ép.
109. L'Ecureuse, par C. N. Cochin fils (16). — B. ép.
110. L'Etude du Dessin, par Le Bas (18). — Tr. b. ép.
111. La Fontaine, par C. N. Cochin (21). — Tr. b. ép. à *l'eau-forte pure*.
112. La Mère laborieuse, par Lépicié (35). B. ép.
113. La même estampe. — B. ép.
114. L'Œconome, par Le Bas (39). — B. ép.
115. La Pourvoyeuse. — La Ratisseuse. — Deux p. anonymes B. ép.

Chéreau (François)

116. Polignac (Melchior, cardinal de), d'après H. Rigaud (D. 255). — Deux tr. b. ép., dont une tr. rare, av^t t. l.

Cipriani (d'après G. B.)

117. *Vénus attired by the Graces*. — *The judgment of Paris*. — Deux p. in-fol., par Bonnefoy, faisant pendants. — Tr. b. ép. imp. en couleurs, gr. m.

Cogniet (Léon)

118. Les Tirailleurs. — Une Cour de Rome. — Un abri dans la Campagne de Rome. — L'Attention. — L'Aumône. Juillet 1830. — Pierre Guérin, etc. — Dix-huit lith. B. ép., plusieurs rares en épr. *d'essai, avec croquis dans les marges*.

Copia (Louis)

119. Le maréchal-Ferrant de la Vendée, d'apr. Sablet. — Trois b. ép. en divers états : eau-forte pure ; av^t l. l. ; avec l. l.

Coqueret (Pierre-Charles)

120. Beurnonville, en pied, d'apr. Hilaire Le Duc. — In-fol. B. ép. m.
121. Hoche (Lazare), en pied, d'apr. Hilaire Le Dru. — In-fol. Tr. b. ép. à t. m.

Costumes et les Coiffures (Estampes sur les)

122. *Desrais et Le Clerc :* Galerie des Modes et des Costumes Français, pl. 3, 40, 46, 50, 52, 53, 81, 92, 106 et 126. — Dix p. B. ép., m.

122bis. Coiffures de l'Époque Louis XVI. — Dix-huit petites p., remmargées sur 2 feuilles. B. ép. coloriées.

123. Costumes de l'Époque Louis XVI. — Charges sur les Coiffures. — Douze p. in-4. B. épr.

124. Costumes de Femmes de l'Époque Louis XVI. — Quinze p. B. ép.

125. *The Bum shop*, 1785, par R. R. — Tr. b. ép. coloriée.

126. L'Amazone. — L'Engageante. — Supplément des grâces effanées. — Thérèse. — L'Apetissante, etc. — Dix p. in-4 par J.-F. de Goz et R. Brichet. B. ép. à gr. m. Rares.

127. Coiffures diverses, deux planches par J. Clar. — Coiffures et costumes, 30 petits p., par Chodowiecki et Riepenhausen.

128. Soldats Hanovriens au camp. — Deux p. in-fol., par J.-H. Ramberg. — B. ép. coloriées.

129. Combats entre cavaliers Autrichiens et Prussiens. — Deux p. in-fol, par C. Ziegler, 1797. — Tr. b. ép., coloriées.

130. Officier Supérieur de l'artillerie légère. — Officier supé- de la Gendarmerie d'élite. — Officier supérieur des Guides de l'Empereur. — Trois p. in-fol., par Levachez, d'apr. H. Vernet. B. ép., m., deux coloriées.

131. Général de Division. — Officier supérieur de Cuirassiers. — Officier supérieur des Guides de l'Empereur. — Artillerie légère. — Cinq p. in-fol. par Levachez, d'après C. Vernet. B. ép., m.

132. Costumes militaires du Ier Empire, par Charlet. — Treize p. in-fol. Tr. b. ép. à t. m. impr. sur teinte, avec rehauts.

133. L'Autrichien sentimental. — L'aimable Prussien. — L'amateur anglais à Paris. — Trois p., deux par Blanchard fils, d'apr. Finart. Tr. b. ép., coloriées.

134. *Costumes Parisiens pendant les glorieuses journées des 27, 28 et 29 Juillet 1830.* — couverture et quinze pl. in-4. Tr. b. ép. coloriées. Rares.

Cosway (d'après Maria)

135. La Mère intéressante. — In-4. Tr. b. ép. imp. en deux tons, m.

Cosway (d'après Richard)

136. Vigée-Le Brun (Mme). — En pied, assisse. In-4. Tr. b. ép. imp. en couleurs, à gr. m.

Cosway et **Plumer** (d'après)

137. *The Fair Stepmother (Ladies of the Loftus Family).* — *The Charming Sisters.* — Deux p. in-4., par E. Stodart, 1890 et 1892. Deux p. in-4 faisant pendants. Tr. b. ép. imp., en couleurs.

Coypel (d'après Ch.)

138. La Jeunesse sous les habillemens de la Décrépitude, par Élisabeth Marlié Lépicié, 1751. — Sup. ép. (s. m. sur 3 côtés).

Cranach le vieux (Lucas)

139. Repos en Egypte (B. 3). — Le jeune Cavalier (116). — Deux p. Ep. anciennes, rognées. Rares.

Curtis (J.)

140 Louis Seize, roi de France. — Marie-Antoinette d'Autriche. — Deux p. in-fol, d'apr. Boze et Dufroc, faisant pendants, 1793. Tr. b. ép. imp. en bistre, m. Rares.

Danse des Morts

141 *Der Todtem-Tantz wie dereselbe der Weitberuhmten Stadt Basel.......* Titre. 1 feuille de texte, 40 pl. en bois, marquées des initiales C. S. et D. R., et feuillet final. — Bâle, J. C. von Méchel, 1740, 1 vol. in-12, cart.

Daullé (Jean)

142 Gauffecourt, de Genève, d'après Nonotte (Del 23). — Gendron (A. Deshais), médecin, d'apr. H. Rigaud (D. 24. — Deux p. in-fol. Tr. b. ép.

143. Gendron (Cl. Deshais), d'apr. H. Rigaud D. (24). — Deux b. ép., dont une avt l. l. (petites déchirures à droite)

144. Louis, Dauphin, fils de Louis XV, (34) B. ép.

145. Pélissier (Mlle), d'apr. H. Drouais (57). — Tr. b. ép. avt l'adr. de Basan gr. m.

146. Saint-Simon (Cl. de), d'apr. H. Rigaud (74). — Sup. ép. avt la date, gr. m.

Davesne (d'après)

147. Les Cerises, par Vidal. — Ovale in-fol. B. ép., imp. en couleurs, m.

148. Les Prunes, par ?. — In-fol. Tr. b. et tr. rare à *l'eau-forte pure*.

Debucourt (Philibert-Louis)

149. La Rose mal défendue (M. Fenaille 27), B. ép. coloriée, s. m. (Encadrée).

150. La Croisée (M. F. 28). B. ép., avec m.

151 Siècle de Louis XV : Une soirée chez Mme Geoffrin, d'apr. Lemonnier (502). Gr. in-fol. B. ép.

152. *Tambour-Major et Sapeur de la Garde Nle Parenne.* — Cuirassier Français. — Officier de Dragons Danois. — Trois p. in-fol., d'apr. C. Vernet. Tr. b. ép., coloriées.

153. La Marchande de Cerises. — La Marchande de Saucisses. — Deux p. in-fol., d'apr. C. Vernet. Tr. b. ép., coloriées.
154. Anglais en habit habillé, d'ap. le même. Tr. b. ép., coloriée, à gr. m.
155. Le Jour de barbe d'un Charbonnier, d'ap. le même. — Tr. b. ép. coloriée.

De Launay (Nicolas)

156 Sébastien Le Clerc fils, d'apr. Nonotte. In-fol. Deux tr. b. ép., une av[t] l. l., à gr. m.

Delff (Wilhelm Jacobsz)

157. Coligny (Louise de), P[sse] d'Orange, d'apr. Mirevelet. (Franken 20). In-fol. Tr. b. ép.

Demarteau (Gilles)

158. Vénus et l'Amour, d'apr. F. Boucher (n° 488). — Ovale in-4. Tr. b. ép. imp. en 2 tons.
159. Berger et Bergère jouant de la Flûte, d'apr. F. Boucher n° 551). In-4. Tr. b. ép. imp. en 2 tons.
160. Têtes de jeunes Femmes, d'apr. F. Boucher. — Deux p. in-4. B. ép. imp. au 3 crayons.
160bis Rubens à l'âge de 30 ans, d'apr. A Watteau. — In-4. Tr. b. ép. imp. en bistre et sanguine.
161 Mme Favart, dans Ninette à la Cour, d'ap. F. Boucher. B. ép. imp., en 2 tons, s. m.

Detaille (Edouard)

162. Le Drapeau du 1er Hussards 1897. Gr. in-fol. Lith., originale. Tr. b. ép. sur chine.

Drevet (Pierre)

163. Boileau-Despréaux (Nic.), d'apr. H. Rigaud (D. 24). — Tr. b. et fort rare ép. du Ier état, av[t] t. l., les inscriptions écrites à la plume (sans marges sur 3 côtés).
164. Dangeau(Ph. de Courcillon, Mis de), d'apr. le même (36). — Tr. b. ép. gr. m.
165. Félibien (Andr.), d'apr. Ch. de Brun (46) Tr. b. ép.
166. Fourcy (B. H. de), d'apr. Rigaud (50). — B. ép. du 2e état sur 5.
167. Louis XV, roi de France, d'apr. le même (59). Sup. ép. du 2e état (déchiré à dr.).
168. Louis-Aug. de Bourbon, Prince de Dombes, d'après F. de Troy (61). — Tr. b. ép. du 2e élat, à gr. m. Rare.
169. Gillet (P.), d'apr. H. Rigaud (68). — Tr. b. ép.

170. Girardon (Franç.), d'apr. J. Vivien (D. 69). — Tr. b. ép. du 2e état, avt l'inscription terminée. De toute rareté, sinon unique.

171. Lambert (M. de Laubespine, Mme), d'apr. N. de Largillière (81). — B. ép. du 2e état sur 3.

172. Ville (Arnold de), d'ap. Santerre (124). — Tr. b. ép. du 1er état. Rare.

Drevet (Pierre-Imbert)

173. Bossuet (Jacques-Bénigne), d'apr. H. Rigaud (D. 12). — Magn. ép. du 3e état, au *fauteuil blanc*, les fautes corrigées. — Marges. Très rare dans cette condition.

173bis Le même portrait. — B. ép. avec 5 points (doublée).

174. Dubois (le Cal), d'apr. le même (15). — Sup. ép. s. m. sur 2 côtés.

175. Fénelon, d'apr. Vivien (16). — Tr. b ép. m.

176. Lecouvreur (Adrienne), d'apr. Ch. Coypel (24. — Tr. b. ép. du 2e état, avec la *faute*, m.

177. Le même portrait. — Sup. ép. du 3e état, gr. m.

Duchesne (Catherine)

178. Blancheau (Mlle), peintre, maitresse de J.-B. Santerre, d'apr. Santerre (D. 524). — Tr. b. ép. à gr. m.

Duclos (A. J.)

179. Retour de chasse, du 3 janvier 1783 — In-4. Tr. b. ép. m.

Durer (Albert)

180. Vie de la Vierge, gravée en bois. Six p., originaux et copies. — B. ép.

Dusart (Corneille)

181. Des moines, des Femmes et des Filles (Dutuit, 57-62). Suite de six estampes. Sup. ép., quatre avt t. l. Très rare.

Eaux-fortes modernes

182. L'Eau-forte en 1879, 30 pl., par Buhot, Desboutin, J.-P. Laurens, Bastien-Lepage et autres. — B. ép., dans le cart. de publ.

Ecoles Française et Anglaise (XVIIIe siècle)

183. La Ménagère. — Angélique et Médor. — Constantia. — *Beauty governed by Reason*... quatre p. d'apr. Boucher, Hamilton, Ang Kauffman, Gibelin, par divers. — B. ép. imp. en couleurs ou en sanguine.

184. Les Nymphes vengées. Ovale in-4. Tr. b. ép. imp. en couleurs, gr. m.
185. La Vérité, curieuse p. in-4 anonyme. Tr. b. ép. imp. en couleurs.
186. La Déclaration Sincère (chez Chéreau). Ovale in-4. — B. ép. en couleurs, m.
187. Jeune Femme en buste. Ovale in-4. — Tr. b. ép. av^{t} t. l. imp. en bistre.
188. La Leçon interrompue, d'apr. Schenau? Petit in-fol. — Tr. b. ép. av^{t} t. l.

Edelinck (Gérard)

189. Blye (J.-B. de), d'apr. Ladame (R. L. 179). — Sup. ép. du 2e état, à gr. m.
190. Champaigne (Ph. de), d'apr. lui-même (164). B. ép.
191. Ferdinand, évêque de Paderborn (...). — Tr. b. ép. du Ier état.
192. Feuillet (N.), d'apr. Compardel (204). — Tr. b. ép. du 2e état.
193. Gobinet (Ch.) d'apr. N. De Largillière (215). — B. ép.
194. Le Tellier (Michel), d'après F. Voet (R. D. 244). — Deux tr. b. ép. des 3e et 4e états, la seconde à gr. m.
195. Mansart (F.), d'apr. Namur (266). — Tr. b. ép.
196. Soucy (M. Lepelletier, S^{r} de) d'apr. Van Oost (322). — Sup. ép. gr. m. Rare.
197. Tallement (Paul), d'apr. A. Coypel (324). — Tr. b. ép. du Ier état.

Edelinck (Jean)

198. Radzimin (Jean-André, Cte de Morstin et de) (D. 698) B. ép.

Eillart (Jean)

199. Henri IV : *Ce grand Roy que tu voys est rempli...* — In-fol. Tr. b. ép. Rare.

Eisen (d'après Charles)

200. Les Quatre Heures de Jour, par J. De Longueil. Suite complète de quatre p. in-4. — B. ép. m.
200bis Henri IV et Gabrielle, par De Monchy. — In-fol. Tr. b. ép., gr. m.

Ex-Libris

201. Ex-Libris, la plupart anciens. — Cent p. b. ép.

Fêtes (Estampes sur les)

202. Cérémonies du Baptême de Mgr le Dauphin fait à Saint-

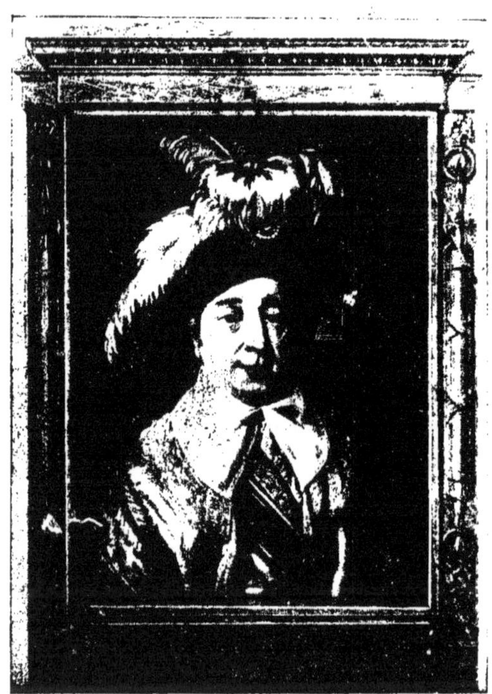

ALIX

(Numéro 1 du Catalogue)

Germain-en-Laye, le 24 mars 1668.., par R. de Hooghe. — In-fol. Tr. b. ép. Rare.

203. Décorations au Palais de Versailles pour la Naissance du Dauphin. Deux jolies p. gr. in-fol., à l'état *d'eau-forte pure*. Très rare. — Tr. b. ép., marge

204. Vues Perspective et Coupe intérieure de la Salle du Carrousel, construite à l'occasion du Mariage du Dauphin, Char de l'Hymen. Trois p. gr. in-fol. — Tr. b. ép. à gr. m.

Ficquet (Etienne)

205 La Fontaine (J. de), d'après H. Rigaud (F. 62). — Tr. b. et fort rare ép. avec l'encadrement, mais av[t] t. l.

Flameng (Léopold)

206. La Leçon d'Anatomie. — Les Syndics des Drapiers. — Un Rabbin. Trois p. in-fol d'apr. Rembrandt — Tr. b. ép., la 1re sur japon, avec dédicace.

Flipart (Jean-Jacques)

207. Dumont (J. E.), dit le Romain, d'apr. M. Q. de La Tour (D. 751). — B. et tr. rare ép. du Ier état, à *l'eau-forte pure*, gr. m.

Fontainebleau (Ecole de)

208. Alexandre domptant Bucéphale, par Leo Daven (B. 12). — Tr. b. et rare ép. du Ier état, av[t] l'adresse.

209. L'Empereur Marc-Antoine offrant un sacrifice, par Leo Daven (B. 14). In-fol. — Tr. b. èp. du 2e état.

210. Le Corps du mort de Patrocle retiré du Combat par Leo Daven (B. 15). In-fol. — Tr. b. ép. Rare.

211. Adonis poursuivant un sanglier. — Diane chassant le cert. (B. 48-49). Deux p. in-fol.,ovale, par L. Daven, faisant pendants. — Tr. b. ép.

212. Le Parnasse, par Leo Daven, d'ap. J. Romain. (B. 57). — In-fol. Tr. b. ép. Rare.

213. Pâris adjugeant à Vénus le prix de la beauté, attr. à Despèches, d'ap. L. Penni. (B. 72 des an.). — In fol. Tr. b. ép. Rare.

Fortuny (Mariano)

214. Kabyle mort. — La Victoire. — Garde de la Casbah à Tetuan. — Tireuse de Cartes. — Mendiant. — Cinq p. Tr. b. ép.

Fragonard (Honoré)

215. L'Armoire (P. de B. 2). — Superbe et tr. rare ép. du 1er état, av^t t. l. à gr. m.

Fragonard (d'après H.)

216. Le Baiser dangereux, par F. Flipart. — Tr. b. ép. m.
217. *La Faible résistance ou le Verrou*. — *L'Amant victorieux, suite du Verrou*. — Deux p. in-4 par Le Beau, faisant pendants, la 2e d'après Touzé. — B. ép. m.
218. La Gimblette, par Bertony. — In-fol. Tr. b. et rare ép. sans aucune lettre, av^t les armes, et av^t la *draperie* m.
219. La Nouvelle du Retour, par Ruotte B. ép.
220. Les Pétards. — Les Jets d'eau. — Deux p. in-fol., par Auvray, faisant pendants. — Tr. b. ép. à gr. m.
221. La Résistance inutile. — Il a cueilli ma Rose. — Deux p. in-fol., par N. F. Regnault, faisant pendants. — B. ép.
222. Le Verrou, par Blot. — Le Temps orageux, par J. Mathieu. Deux p. in-fol.

François (J. Ch.)?

223. Maupeou (le Chancelier), médaillon entouré de figures allégoriques. — In fol. Tr. b. et rare ép. av^t t. l., imp. en sanguine, m.

Frosne (Jean)

224. Elbeuf. (Catherine-Henriette de Bourbon, D^sse d'). (D 762). Tr. b. à gr. m. Rare.

Gaillard (Claude-Ferdinand)

225. Le Condottière, d'apr. Antonello de Messine. (H. B. 15). — La Vierge au Donateur, d'apr. J. Bellin (16). — Deux tr. b. ép. av^t l. l., sur chine, avec *dédicace*.
226. La Vierge et l'Enfant Jésus, d'ap. Boticelli. (29). — B. ép. av^t l. l., sur chine, t. m.

Garneray (L.)

227. 31 juillet 1830. — Le Duc d'orléans est présenté au Peuple par le Général La Fayette. — Gr. in-fol.

Gatine

228. *Les Extrêmes se touchent ou le Pas Russe*, d'apr. G. de Galard. In-4. B. ép., coloriée, m.

Gaucher (Ch.-Etienne)

229. Racine, médaillon dans un entourage orné. — Tr. b. et fort rare ép. avec le portrait esquissé seulement au trait.

Gaultier (Léonard)

230. *Baptême de Monseigneur le Dauphin et de Mes-Dames ses sœurs à Fontainebleau, le 14 jour de Septembre 1606.* — In-fol. Tr. b. ép. (doublée). Rare.

231. Cérémonie du Sacre et Couronnement de Marie de Médicis, faict à St-Denis le 13 de May 1610. — In-fol. Tr. b. ép. avec le texte explicatif d'une p. curieuse et fort rare.

Gavarni

232. *Masques et Visages* : L'Ecole des Pierrots. (10 pl.). — Histoire de politiquer (10 pl.). — Les Partageuses (30 pl.). — Les Lorettes vieillies (10 pl.).— Parc-ci par-là, 3e et 5e dizains. En tout quatre-vingts pl. B. ép., la plupart, dans leur couverture de publication. Ce no pourra être divisé.

Gérard (d'après Mlle Marguerite)

233. L'Art d'aimer. — L'Espoir du Retour. — Deux p. in-fol. par H. Gérard. — Tr. b. ép., m.

234. Les Caresses de l'Innocence. — Les premières Caresses du jour. — Deux p. in-fol. par le même. — Trois p. B. ép. une *non terminée*.

235. La Leçon, par le même. — Tr. b. ép m.

236. Le Sacrifice de la Rose, par le même. — Deux b. ép., une avt t. l.

237. Le Triomphe de Minette, par le même. — B. ép. t. m.

Géricault (Th.)

238. Etudes de Chevaux, 1822 (Ch. C. 74 — 86). — suite de 1 titre et 12 p. in-fol. (incomplète de 4 pl.). — Tr. b. ép. dans la couverture de publication, le pt de Géricault, par L. Cogniet, ajouté.

239. Etudes de Chevaux, d'après nature (Ch. C. 47-58). Suite complète de 12 pl., dans la couverture de publication.— Tr. b. ép.

Giffart (Pierre)

240. Maintenon (Françoise d'Aubigné, Mise de) (D. 866). — Tr. b. ép. Rare.

Girard

241. Miladie**. Ovale in-12. — B. ép. imp. en bistre, m.

Goltzius (Henri)

242. La Passion de Jésus-Christ, pl. 1, 4, 10 et 11 (B. 27-38). — B. ép.

242 bis Les quatre sujets connus sous le nom des *Culbuteurs*, in-fol de forme ronde. Tr. b. ép., d'apr. C. Cornelis (258-261). — Suite complète de 4 p. in-fol. de forme ronde. Tr. b. ép.

243. Henri IV, roi de France (173). — B. ép. du 2e état.

244. Portrait d'homme en buste, supposé Ravaillac (239). Camaïeu. — Tr. b. ép. Rare

Grandville (J. J. I.)

245. Les Métamorphoses du Jour. Vingt-six p. coloriées, la plupart en b. ép.

Grateloup (Jean-Baptiste de)

246. Lecouvreur (Adrienne), d'apr. Coypel (F. 6). — Tr. b. et rare ép. du 1er état, avt t. l. (les noms écrits à la plume).

247. Polignac (M. de), d'ap. H. Rigaud (8). — Tr. b. ép. avt la dédicace, à t. m.

248. Rousseau (J.-B.), d'apr. Aved (9). — Tr. b. ép. sur chine.

Greuze (d'après J.-B.)

249. La petite Fille au chien, par Porporati. — In-fol. Sup. et rare épr. avt t. l. à gr. m.

250. Jeune fille pleurant son oiseau mort par Mixelle? Ovale in-4. — B. ép. imp. en couleurs, remmargée.

251. L'Accordée de village, par J.-J. Flipart. Gr. in-fol. — Sup. et rare épr. avt t. l., les armoiries à l'état d'eau-forte.

Grignon (Jacques), le Vieux.

252. Courcelles (Marie de Neufville, Mme de), âgée de 20 ans (D. 892). — Tr. b. ép. à gr. m. Rare.

253. Neufville (Françoise de), dsse de Chaulnes. — Tr. b. ép. à gr. m. Rare.

Hamilton (d'après W.)

254. *Hot Cockles — Hunt the Slipper.* Deux p. ovale in-4, par P.-F. Legrand, faisant pendants. — T. b. ép. imp. en couleurs, m.

Haward (Francis)

255. D'Eon de Beaumont (C. G. L. A. Thimothea), d'après Ang. Kauffmann et La Tour, 1788. Ovale in-fol. — Sup. ép. imp. en bistre, gr. m. Très rare.

Helleu

256. Coucou. In-fol. — Tr. b. ép. signée.
257. Portrait de Mme L***. — Tr. b ép. signée

Henriquel-Dupont (L.-P.)

258. Ste Catherine, d'après le Corrège. — In-fol. Sup. ép. avt l. l., sur chine, signée. Encadrée.

Hodges (Ch. Howard)

259. La Marche de Silène, d'après Rubens, 1789. M. noire in-fol. — Sup. ép. avt l. l. gr. m. Rare.

Hooper (chez S.)

260. D'Eon de Beaumont (C. G. L. A. Timothea), en pied, vêtu à la romaine. M. noire in-fol. — Tr. b. et rare épr. avec la pl. accessoire contenant un texte explicatif.

Hortemels (Marie-Madeleine)

261. Gaultier (François), d'après A. S. Belle. In-fol. — Deux tr. b. ép., dont une avt t. l., et avt les armes. Rare.

Huchtenburgh (Jean van)

262. *Marche du Roy* (Louis XIV) *accompagné de ses gardes passant sur le Pont-Neuf et allant au Palais.* — Gr. in-fol. B. épr.

Huet (d'après Jean-Baptiste).

263. Le Souper, par L. M. Bonnet. — Tr. b. ép. imp. en couleurs, m.
264. Le Sacrifice à l'Amour. — Les Nymphes chassant. — Deux p. in-fol. faisant pendants, par Demarteau. — Tr. b. ép. imp. en couleurs, s. m.
265. Offrande présentée par l'Amour à la fidélité, par Bonnet. — Tr. b. ép. imp. en couleurs, m.
266. L'Amour querelleur. — L'Enfantillage. — Deux p. par Huet fils et Allais, la 1re imp. en couleurs.
267. Thétis écoute Protée, par M. Bonnet. — B. ép. imp. en couleurs, avt la *draperie*.
268. Les Soins Maternels. — L'Accord Maternel. — Deux p. in-4, par Bonnet faisant pendants. Epr. imp. en couleurs, s. m. (doublées).
269. La Chasse aux Perdrix, par Demarteau (473). — B. ép. imp. en 2 tons.
270. Huet (Mme), pinçant de la guitare, par Demarteau. — Tr. b. ép. imp. en 2 tons.

Incroyables (Estampes sur les)

271. Les Croyables au Pérou. — Les Incroyables. — Hélas! de vous à moi... c'est incroyable. — Trois p. in-fol., par Tresca et Darcis. B. ép. à gr. m.

Ingouf (Pierre-Charles)

272. Luynes (M. Ch.-L. d'Albert, duc de), d'après J.-F. Guillet, 1770. — In-fol. Tr. b. ép., m. Rare.

Ingres (d'après J. D. A.)

273. Martinet (le Dr), par Calamatta. — Gatteaux (N. M. et Ed.). — Mme Gatteaux, par Dien. — La Fontaine (J. de). — Lepère (J. B.). — Baudoin Dufresne, par Mauzaisse, etc. — Neuf p. B. ép., plusieurs sur chine ou avt l. l.

Isabey (Jean-Baptiste)

274. Osmond (la Mise d'), 1821. — In-4. B. ép. Rare.

Isabey (d'après J.-B.)

275. Hortense (La Reine), par Monsaldy. Pièce in-4 de forme ovale. — Sup. ép. avt t. l., imp. en couleurs, à t. m. De toute rareté.
276. Marie-Louise, Impératrice, par Monsaldy. — Tr. b. ép. imp. en couleurs, à t. m.
277. Le Barbier de Valbonne, peintre, par Aubertin. — Petit in-fol. Tr. b. ép. à gr. m. Rare.

Jacquemart (Jules)

278. *Etchings of Pictures in the Metropolitan Museum New-York...* (L. Gonse 271-284). — Frontispice et sept pl. Tr. b. ép. d'artiste, à t. m. avec dédicace de Jacquemart à Ch. Blanc sur le titre. — Tête de Taureau, 1877. — Épr. d'essai. En tout 8 pl.

Janinet (Jean-François)

279. Ah laisse-moi donc voir, d'apr. N. Lavreince (E. B. 2). — B. ép. imp. en couleurs, remmargée.
280. L'Amour. — La Folie. — Deux p., ovales, faisant pendants, d'après H. Fragonard. — Superbes épreuves imp. en couleurs (remmargées).
281. Satyre et Bacchantes, d'apr. Ph. Caresme. — Magnifique ép. imp. en couleurs, avt t. l., m. Très rare.
282. La Jeune Vestale, d'apr. Le Barbier. — Ovale in-4. B. ép. imp. en couleurs, gr. m.

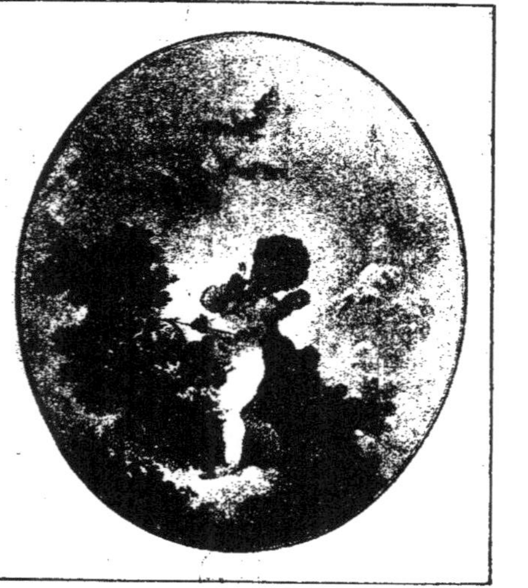
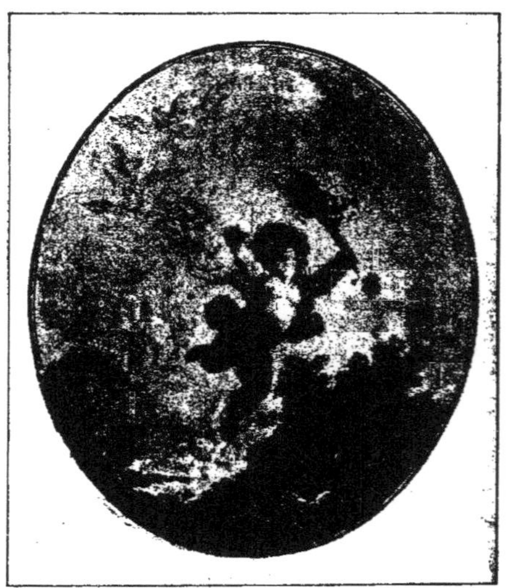

JANINET

(Numéro 280 du Catalogue)

283. Tarquin et Lucrèce, d'apr. Ch. Eisen. — B. ép. imp. en couleurs, gr. m.
284. Projet d'un Palais de Législature, d'apr. Fl. Gilbert. — In-fol. Tr. b. ép. m.
285. Monuments et Églises de Paris. — Dix-sept p. rondes, d'apr. Durand. B. ép. imp. en couleurs, m.
286. Coiffures de femmes. — Ruines romaines, d'ap. H. Robert. — Six petites p. imp. en couleurs. B. ép. sans m.

Jazet (J. P. M.)

287. Le Duc de Berry ou Vertus et belles Actions d'un Bourbon. Paris, 1820. — Couverture et treize pl. y compris les p[ts] du duc et de la duch[sse] de Berry. B. ép. à t. m.

Jérusalem (Estampes relatives à)

288. Hierusalem, saincte cité de Dieu. — Hierosolyma urbs sancta. — Iherusalem Turcis Cusembareich. — Ierusalem et suburbia. — Quatre p. des XVIe et XVIIe siècle, une gr. in-fol. Tr. b. ép., deux coloriées.

Jeux de cartes.

289. Cartres récréatives, 1819. — Quarante-huit cartes appartenant à 3 jeux différents. Rares.

Kauffmann (d'après Ang.)

290. *Dancing Nymph*, par A. Le Grand. — Ovale in-4. Tr. b. ép. imp. en sanguine, m.

Lami (Eugène)

291. Voyage à Londres, pl. 2, 3, 7, 18, 22, 24 et 26. — Sept p. in-4. Tr. b. ép., coloriées.

Lancret (d'après Nicolas)

292. Les deux Amis, par N. de Larmessin (E. B., 25). — Tr. b. ép.
293. Le jeu de Colin-Maillard, par C. N. Cochin fils (E. B. 42). — Gr. in-fol. Tr. b. et rare ép. du 1er état, à *l'eau-forte*, gr. m. (Petites déchirures.)
294. *Trop indolent Tircis..... — Veux-tu d'une inhumaine...* (E. B. 82 et 85). — Deux p. in-fol. par S. Silvestre, faisant pendants. B. ép. gr. m.

Larmessin (les)

295. Bouillon (Em. Th. de la Tour d'Auvergne, card. de). — In-fol. Tr. b. ép. Rare.
296. La Vallière (Louise-F[se] de La Baume Le Blanc, d[sse] de) (D. 1044). — Tr. b. ép. du 1er état, av[t] les contre-tailles sur le corps du lion. Rare.
297. Lamet (Ph. de), d'apr. Merelle. — Mayeur (P.), d'apr. M. Loir. — Deux p. in-fol Tr. b. ép. gr. m.
298. Lowendal (Woldemar de), d'apr. Boucher. — In-fol. Sup. ép. à gr. m.

Laurence (d'après Sir Th.)

299. Banks (Robert), lord Hawkesbury, par Jno Youg, 1801. — In-fol. Sup. ép. du 1er état, m.
300. The Lady Georgiana Fane. — Master Lambton. Deux p. in-fol. par C. Turner et S. Cousins, 1827-1828. — Tr. b. ép. à gr. m. (piquées).
301. *The dew Branch*, par Me Innès. Tr. b. ép.
302. Master Lambton. — Miss Crocker. — Lady Agar Ellis. — La Pensive. — Quatre p. par Swebach, Bromley. L. Noël. B. ép.

Lavreince (d'après Nicolas)

303. L'Accident imprévu. — La Sentinelle en défaut. — (E. B. 1, 4e état, et 58, 3e état). — Deux p. in-fol., par Darcis, faisant pendants. B. ép. m.
304. Le Billet doux, par N. De Launay (E. B. 10). — Sup. et fort rare ép. du 1er état, à l'eau-forte pure, av[t] t. l., et avant les armes. Dans cet état, le chat qui dort aux pieds de la jeune femme n'existe pas.
305. Le Billet doux. — Qu'en dit l'Abbé? (E. B. 10 et 51). — Deux p. in-fol., par N. De Launay. Tr. b. ép. (doublées).
306. La Comparaison, par J.-F. Janinet (E. B. 12). — Tr. b. ép. imp., en couleurs, m.
307. La Consolation de l'absence, par N. De Launay (E. B. 14). — B. ép. remmargée.
308. Ecole de Danse, par F. Dequevauviller (E. B. 22). — B. ép. du 2e état, av[t] l'adr. de Bance (doublée).
309. Ha! le joli petit chien. — Le Petit Conseil (E. B. 27 et 48). — Deux p. faisant pendants, par F. Janinet. Sup. ép. imp., en couleurs, m.
310. L'Indiscrétion, par F. Janinet (E. B. 30). — Tr. b. ép. imp. en couleurs, à gr. m.
311. Le Joli chien, par A. Le Grand. — Ovale petit in-fol. — B. ép. imp. en couleurs, m. Rare.
312. Les Nymphes scrupuleuses, par Vidal (42). — Tr. p. ép. gr. m.

313. Les Offres séduisantes, par Delignon (43). — B. ép.
314. Le Restaurant, par Deni (53). — Tr. b. ép. gr. m.
315. Les Soins mérités, par R. De Launay (60). — Tr. b. ép.
316. Le Séducteur, par N. De Launay (app. 7). — Sup. ép. à gr. m. restée *à l'eau forte pure*. Rare.

Le Bas (Jacques-Philippe)

317. Quatrième fête Flamande, d'après D. Téniers. — Gr. in-fol. Tr. b. ép., m.
318. Fêtes Flamandes, d'après D. Téniers. — Deux p. Gr. in-fol. Très b. et tr. rares ép., à l'état *d'eau forte pure, m.*

Le Blond (à Paris chez)

319. *L'Espagnol sans Gand.* — In-fol. Tr. curieuse p. contre les Espagnols. Tr. b. ép. Rare.

Le Cœur

319bis. Serment fédératif du 14 juillet 1790, d'ap. Swebach-Desfontaines. — B. et rare ép. avec une seule ligne de titre.

Legros (Alphonse)

320. La petite Marie, fille de l'artiste (Th. et P. M. 30). Sup. ép.
321. Le réfectoire (55). — Tr. b. ép. avt l. l. Rare.
322. Le Manège (75). Tr. b. ép. t. m.
323. La mort du Vagabond (89). — Sup. ép. imp. en bistre. Rare.
324. Les Bucherons (95). — Tr. b. ép. signée. Très rare.

Lenfant (Jean)

325. Bonzy (Pierre de), archevêque de Toulouse (D. 1190). — Tr. b. ép. du 1er état avt t. l. Rare.
326. Coislin (P. de Cambout de), d'ap. R. Nanteuil (D. 1191) — Tr. b. ép.
327. Le Masle (Michel). — Lescot, chanoine. — Deux p. Tr. b. ép.
328. Nesmond (Guil. de), 1664. — Tr. b. ép.

Le Paon (d'après)

329. Revue du Roi au Trou d'Enfer, par J. P. Le Bas. — Gr. in-fol. Ep. avt l. l., m.

Le Peintre (d'après)

330. La Fille surprise, par A. Boucher-Desnoyers. — In-fol. Deux ép., une très b. avt t. l. m.

331. Mayeur (Fr. M.), dans le rôle de Cl. Bagnolet, par Ridé.— In-4. Tr. b. ép. imp. en couleurs, m.

Lépicié (Bernard)

332. Desmares (Chr. Ant. Charlotte), dans le rôle de Thalie, d'apr. Ch. Coypel (D. 1215). — Tr. b ép. av[t] t. l. Très rare.

Leu (Thomas de)

333. Le Sacre de Louis XIII, d'après F. Quesnel (R. D. 74). B. ép., légèrement rognée à droite.

Lévilly (J. P.)

334. La Rivalle Désabusée. Petit in-fol. B. ép. coloriée.

Lochon (René)

335. Alibert (J. d'), conseiller au parlement de Metz, 1657. — In-fol. Tr. b. ép.

Lombart (Pierre)

336. Herbert (Pénélope). — Carlisle (Lucie et Marguerite de) — Morton (Anne de). — Quatre p., d'ap. Ant. van Dyck. Tr. b. ép. m.

337. Savoie-Carignan (Ph. de), d'apr. La Mare Richart (D. 1404.) Tr. b. ép.

Lorge (d'après de)

338. L'Hymen et l'Amour, entourant les médaillons de Louis XVI et de Marie-Antoinette, de guirlandes de roses, par P. V. Sullin. — In-fol. Tr. b. ép. gr. m.

Lowry (Robert)

339. *Etienne François, Duc de Choiseul, exilé le 24 Décembre 1770,* d'après L. M. Vanloo. -- In-fol. publ. à Londres 1771. Sup. ép. à t. m.

Lubin (Jacques)

340. Humières (L. de Crevant, duc d'), d'ap. F. Voet (D. 1415.) Deux b. ép., dont une très rare av[t] t. l.

Mallet

341. *La Mlle de Bignets* (sic), d'apr. Briche. — In-4. B. ép., imp. en couleurs. Très-rare.

Manet (Ed.) et Millet (J. F.)

342. Les Gitanos. — La Bouillie. — Deux p. Tr. b. ép. la 1re av^t l. l.

Marcuard (Robert-Samuel)

343. Cagliostro (Comte de), d'apr. F. Bartolozzi, 1786. — Ovale in-fol. Deux tr. b. ép., une av^t l. l. imp. en sanguine.

Mariette (à Paris chez P.)

344. Portrait équestre de Louis de Bourbon, duc d'Enghien, couronné par la Renommée. — In-fol. Tr. b. ép. m. Rare.

Martin (J. E.)

345. Vénus, d'apr. Elias Martin, 1778. — Ovale in-4. Tr. b. ép. imp. en sanguine, à t. m. Rare.

346. Vue de Stockolm, prise de Mase-Backe, d'ap. E. Martin. — Gr. in-fol. Tr. b. ép.

Martinet (à Paris chez)

347. Le Mari coiffé de sa Femme ou le Ménage à la Mode. — Les Curieux en extase ou les Cordons de souliers. — Les oies de Frère Philippe. — Trois curieuses p. Tr. b. ép., coloriées.

347bis. Bivouac anglais dans le Bois de Boulogne. — Bivouac Prussien dans le Jardin du Luxembourg. Deux p., par Coqueret. — B. ép. coloriées.

Massard (Jean)

348. Livry (Nic. de), d'après L. Tocqué. — Deux tr. b. ép., une rare, av^t t. l. m.

Masson (Antoine)

349. Dupuis (Pierre), d'apr. N. Mignard (R. D. 25). — Tr. b. ép.

350. Harcourt (H. de Lorraine, comte d'), dit le *Cadet à la Perle* (34). Tr. b. ép. av^t la retouche.

351. Lesseville (Ch. de). — Montbrun (A. Du Puy de), d'apr. De Sève (40 et 26). — Deux p. Tr. b. ép.

Merlen (Théodore-Jonas van)

352. Sancy (Marie Moreau, Dame de), âgée de 25 ans. — Le même personnage, à l'âge de 74 ans. — Deux p. in-fol. Tr. b. ép., la 2e à gr. m.

Méryon (Charles)

353. Tourelle de la rue de la Tixanderie (H. B.). B. ép. du 1er état (doublée). Rare.

354. La Tour de l'Horloge. — B. ép.

Mocetto (Girolamo)

355. Le Jugement de Midas (B. et Pass.). — In-fol. Tr. b. ép. du 2e état, avec la taille sur la tête de l'enfant. — Fort rare. Restaurée.

Moitte (P. E.)

356. Restout (Jean), d'apr. M. Q. de la Tour (D. 1570). — Deux b. ép. une du 1er état avt t. l., m.

Moitte (d'après P. E.)

357. Le Consommé, par Deny. — Tr. b. ép. gr. m.

358. La Surprise agréable, par Vidal. — Sup. ép. avt t. l. et avt *la draperie*, m.

Monnet (d'après Claude)

359. L'Amour est de tout âge, par Robillac. — In-fol. Sup. ép. imp. en couleurs, à gr. m. Rare.

Moreau le jeune (J. M.)

360. La Borde (J. B. de), d'après Denon, 1771. In-4. Deux tr. b. ép., dont une *contre-épreuve de l'eau-forte pure*, à gr. m. Rare.

361. Serment de Louis XVI à son Sacre, 1779. — Gr. in-fol. B. et très rare ép. avt l. l. m.

362. Constitution de l'Assemblée Nationale, 17 juin 1789. — In-fol. Tr b. ép. avec la *liste des députés*. Rare.

Moreau le jeune (d'après J. M.)

363. La Dame du Palais de la Reine, par P. A. Martini, 1777. Tr. b. et rare ép. avt l. l. m.

364. La même pièce. — B. ép. avec les lettres A. P. D. R.

365. Le Pari gagné, par Camligue. — B. ép.

366. Vue de la Plaine des Sablons (Revue passée par Louis XVI), par Malbeste, Liénard et Née. — Gr. in-fol. B. ép. remmargée.

Morin (Jean)

367. Anne d'Autriche, reine régente de France (R. D. 40) — Tr. b. ép.

368. Camus (P.), évêque de Belley (49). — Tr. b. ép.
369. Chrystin (N.), d'apr. A. van Dyck (50). — Tr. b. ép. m.
370. Longueil (René de), d'apr. Ph. de Champaigne (57). — Tr. b. ép. gr. m.
371. Louis XIII, d'apr. le même (64). — Tr. b. ép.
372. Maugis des Granges (P.), d'apr. le même (67).
373. Mazarin (le Cal), d'apr. le même (68). — Tr. b. ép. du 1er état.

Morland (d'après G.)

374. La Paysanne industrieuse. — Le Rustique amoureux. — Deux p. in-fol. ovales, par B. Gauthier. Tr. b. ép. imp., en couleurs, m.
375. *The First of september. — Evening*, par W. Ward, 1799. — B. ép., coloriée.
376. *Gathering Fruit. — Gathering Wood.* — Deux p. in-fol., par R. M. Meadows, 1816. Ép. imp. en bistre, m.

Morton (d'après G.)

377. *The new Steam Carriage*, par Pyall. — In-fol. Tr. b. ép., coloriée.

Mouchet (d'après L.)

378. Couchez-là, par L. Darcis. — Tr. b. ép. à gr. m.
379. Le Sommeil interrompu, par le même. — Sup. ép. avt l. l. à t. m. Rare.

Muller (Jean)

380. Isabelle-Claire-Eugénie, infante d'Espagne, d'apr. Rubens, 1615 (B. 63). — In-fol. B. ép., m.

Naiwjncz (H.)

381. Différents paysages (B. 9 à 16). Suite complète de huit p. in-8. Tr. b. ép. Rares.

Nanteuil (Robert)

382. Amelot (Jacques) (R. D. 19). — Sup. ép. du 1er état. Rare.
383. Anne d'Autriche, reine de France (22). — Tr. b. ép. du 5e état, gr. m.
384. Le même personnage (23). — Gr. in-fol. B. ép. du 2e état.
385. Aubray (Dreux d'), 1658 (25). — Tr. b. ép.
386. Barrillon de Morengis (A.) (31). — Tr. b. ép.

387. Beaufort (Fr. de Vendôme, duc de), d'apr. Nocret (33). — Tr. b. ép. du 2e état.
388. Bellièvre (Pomponne de) (36). — Tr. b. ép. du 2e état.
389. Benoise (Ch.), 1651 (38). — Tr. b. ép.
390. Blondeau (François), 1653 (40). — Tr. b. ép.
391. Boileau (Gilles) (43). — Tr. b. ép. du 2e état, gr. m.
392. Bouchu (P.) (47). — Sup. ép. du 1er état.
393. Bouillon (F. M. de la Tour d'Auvergne, duc de) (49). — Tr. b. ép. du 5e état, gr. m.
394. Bouthillier (Victor), d'apr. Ph. de Champaigne (R. D. 54). — Tr. b. ép. du 1er état, m.
394bis. Le même portrait. — Tr. b. ép. du même état.
395. Le même personnage (55). Tr. b. ép. du 1er état.
396. Bouthillier (Marie Bragelongne, Vve de Cl.), 1656 (R. D. 57). — Tr. b. ép., avec les *vers* sur la pl., accessoire, du 4e état.
397. Chavigny (Léon Bouthillier, comte de), d'apr. Ph. de Champaigne (66). Tr. b. ép. à gr. m.
398. Colbert (J. B.), d'apr. Ph. de Champaigne (71). Tr. b. ép. du 3e état.
399. Courtin (Honoré), 1668 (80). — Tr. b. ép. du 1er état, m. (Un angle restauré).
400. Doni d'Attichy (L.) (83). — Tr. b. ép.
401. Dorieux (J.) (84). — Sup. ép. à gr. m.
402. Dupuy (les frères P. et J.) (89). — Tr. b. ép. du 1er état.
403. Fouquet (l'abbé Basile) (97). — Tr. b. ép. du 1er état.
404. Fronteau (l'abbé J.), d'apr. F. Cabouret (99). — Tr. b. ép. du 1er état.
405. Gillier (M. de) (102). — Gillier (Marie Joly, Mme de) (103). — Deux p. Tr. b. ép.
406. Guénault (F.), médecin (105). — Tr. b. ép.
407. Guénégaud (H. de), d'apr. Ph. de Champaigne (106). — Tr. b. ép. du 1er état.
408. Joly (Claude), 1673 (113). Tr. b. ép. du 1er état. Très rare. Coll. Marshall et Didot.
409. La Chambre (M. Cureau de) (116). Tr. b. ép.
410. Lallemant (le R. P.) (117). Deux tr. b. ép., 1er et 2e états.
411. La Meilleraye (Ch. de La Porte, duc de), d'apr. Juste d'Egmont (118). — Sup. ép. du 1er état, m. Rare.
412. Le même portrait. — B. ép. du 2e état.
413. La Vrillière (L. Phelypeaux de) (123). — Tr. b. ép. du 2e état.
414. Le Boultz (N.) (124). — B. ép.
415. Le Camus (J.) (app. 4). — Gr. in-fol. B. ép. du 2e état.
416. Le Masle (M.) (126). — Tr. b. ép. du 1er état.
417. Le Tellier (Ch. M.) (139). — Tr. b. ép. du 4e état.
418. Le même personnage (140). — Tr. b. ép. du 1er état. Très rare.
419. Ligny (Dom. de), évêque de Meaux (144 et 145). Deux p. Tr. b. ép.

420. Longueil (René de) (165-166). — Deux p. B. ép.
421. Lotin de Charny (F.) (151). — B. ép. du 1er état. Très rare.
422. Mallier du Houssay (F.), d'apr. Velut (167). — Sup. ép. du 2e état.
423. Marie-Jeanne-Baptiste de Savoie, d'apr. L. du Sour (R. D. 169). — Sup. et rare ép. du 1er état, à gr. m.
423bis. Le même portrait. — Tr. b. ép. du 2e état, gr. m.
424. Mouhy (H. de Lorraine-Chaligny, Mis de) (197). — Tr. b. ép. du 1er état Rare.
425. Mazarin (Jules, Cardinal de) (177). — Tr. b. ép. du 2e état.
426. Le même personnage (178). — B. ép.
427. Mesmes (Henri de) (191). — Sup. ép. du 1er état.
428. Molé (Edouard) (193). — Tr. b. ép.
429. Nemours-Savoie (Henri de) (199). — B. ép. du 1er état.
430. Nesmond (F. T. de) 201). — Tr. b. ép.
431. Nesmond (F.), évêque de Bayeux (202). — Sup. ép. du 2e état.
432. Novion (N. Potier de) (206). — B. ép. du 3e état.
433. Péréfixe de Beaumont (Hardouin) (214). — Tr. b. ép. du 1er état.
434. Séguier (Pierre), d'apr. Ch. Le Brun (223). — Deux tr. b. ép. des 1er et 2e états.
435. Servien (Abel), d'apr. Ph. de Champaigne (225). — Sup. ép. du 1er état.
436. Le même portrait. — Sup. ép. du même état.
437. Thevenin (Cl.) (230). — Sup. ép. du 2e état. Rare.
437bis. Chapelain (Jean). — Ménage Gilles). — Scudéry (G. de). — Voiture (Vincent). — Quatre p. B. ép.
438. Bouchu (P.). — Lionne (J. P. de). — La Mothe. — Le Vayer. — Louise-Marie, reine de Pologne. — Cinq p.
439. Charles, duc de Mantoue. — Puteanus (P.). — Fronto (J). Sarrazin (J. F.) — Lalemant (le R. P.). — Six p. B. ép.

Nanteuil (Robert)?

440. Portrait d'enfant de la Famille Royale de France. — In-fol. Tr. b. ép. avt t. l.

Napoléon Ier (Estampes relatives à)

441. Generaal Buonaparte, par C. H. Hodges, d'apr. Rusca. — In-fol. B. ép. Rare
442. General Buonaparte, en pied, publié à Londres en 1797, par G. Thompson. — Rare.
443. *Bonaparte accompagné du Général Berthier à la bataille de Marengo...*, par A. Cardon, 1802. d'apr. J. Boze. — Gr. in-fol. Deux tr. b. ép., une *non terminée*, à t. m. Très rare.

444. Bonaparte (équestre), par Zecchin, d'apr. Boldrini. — Bonaparte au mont St-Bernard, d'apr. David. — Deux p. in-fol. B. ép., la 2e à l'eau-forte pure.

445. Joseph Napoléon, Roi des Espagnes... — Louis Napoléon, Roi de Hollande. — Deux p. gr. in-fol. par L. Rados, 1810; d'apr. Bosio. B. épr. m.

446. *Raethselhafte Veilchen*. Silhouettes de Napoléon et de sa Famille, formées par des violettes, lith. par A. Lehmann. — In-4. Tr. b. ép. Rare.

447. *Le Mariage de leurs Majestés Napoléon et Marie-Louise...* (à Paris, chez Basset). — In-fol. B. ép. Rare.

448. Sacre de Napoléon. — Eventail in-fol. Tr. b. ép. imp. en deux tons. Rare.

449. Seconde vue du Champ-de-Mai et de la Prestation du Serment par les troupes, par Allix, d'ap. Martinet. — In-fol. B. ép.

450. *The sitting of the Council of Five Hundred at St Cloud, to whom Bonaparte...*, 1799, par F. Bartolozzi, d'apr. F. Vieira. — Gr. in-fol. B. ép. imp. en couleurs, m. Rare.

451. Passage du Tessin et Prise de Turbigo. — Marengo. — Montebello. — Trois p. gr. in-fol. par Muller et Helland. Tr. b. ép. en bistre, une avt t. l.

452. Veille d'Austerlitz, Napoléon au bivouac, par Le Rouge, d'ap. Martinet. — In-fol. B. ép. m.

453. Bataille d'Austerlitz, par John Godefroy, 1813, d'apr. Gérard. — Gr. in-fol. Tr. b. ép.

454. Austerlitz. — Iéna. — Deux p. in-fol., par A. Verico, d'ap. C. Vernet et Volpini. B. ép.

455. Entrée des Français dans Moscou. — In-fol. B. ép. coloriée.

456. *Napoleon bei Esslingen, tod des Marschalls Lannes*, par F. Heister, d'apr. Bellangé. — B. ép.

457. Prise de Ratisbonne, par Esbrard, d'apr. Gautherot. — Gr. in-fol. Tr. b. ép.

458. *La Bayonnaise*, corvette française, prenant à l'abordage *L'Embuscade*, frégate anglaise, l'an VII, 2 compositions diff. — Prise du Cap. — Trois p. in-fol. par Le Gouaz, Le Beau. B. ép.

459. Guerre d'Espagne : Batailles. — Dix p. publ. chez la Vve Chereau. — B. ép., coloriées.

460. Traité de paix de l'An X (1801), allégorie avec les médaillons de Bonaparte et de Georges, roi d'Angleterre. — In-fol. B. ép.

461. Vue du grand Trône élevé à Notre-Dame pour le sacre de Napoléon Ier, par Le Cœur. — Bonaparte signant la Paix de l'An X. — Napoléon Ier et son Etat-Major. — Clémence de Napoléon, par Cornilliet. Quatre p. in-fol. — B. ép.

462. Le Triomphe de la République Française. — Les Honneurs du Triomphe décernés à Bonaparte. Deux p. in-fol. faisant pendants, par A. F. David, d'apr. Cl. Monnet. B. ép. av[t] l. l. m.

462 bis. Les mêmes estampes. — Tr. b. ép. avec l. l. m.

463. *An Eruption of Mount Vesuvius...*, 1815. — *Physical Aid-or-Britannia recover'd from a France...*,1803. — *Bruin inhis Boat-or-The Menager in Distress...*, 1806. Trois p. in-fol., par Gillray et Cruikshank. — Tr. b. ép. coloriées.

464. *The King of Brobdingnag, and Gulliver*, 1803. — *Billy ready for Boney...*, 1803. — *A Stoppage soa Shide...* — *Little shisps or Iohn Bull very Inquisitive*. Quatre p. in-fol., par Gillray et autres. — B. ép., coloriées.

Nochez (J. E.)

465. Rousseau (Jean-Jacques), d'apr. A. Ramsay, 1769. In-fol. Tr. b. ép. m.

Northcote (d'après James)

466. Petite Fruitière Anglaise, par James Bonnefoy, 1787. Ovale in-4. — Tr. b. ép. imp. en couleurs, m.

ORNEMENTS

467. *Hurtu* (Jean). Ornements d'orfèvrerie sur fond noir. Sept petites pièces, rares.

468. *La Joue* (de). Second livre de cartouches, suite complète de 12 pl. gravées, par Huquier. — Tr. b. ép. à t. m., en cahier.

469. *Le Fébure* (François). Liure de Feuilles et de Fleurs, utile aux Orfèvres, 1661. Titre et 5 pl. gr. par B. Moncornet. — B. ép. en cahier.

470. *Divers :* Cahier de Frises, par Salembier, 6 planches en cahier. — 2° livre de Culs-de-lampe, par Desève. Modèles d'écriture, par I. I. Losenauer. Autels, par Pierretz. En tout trente p. — B. ép.

Paris (Estampes relatives à)

471. *Carosel fait à la Place Royalle, à Paris, le V, VI, VII Avril MDCXII*, par Mathieu Mérian. In-fol. — Tr. b. ép. Fort rare.

472. *Admirable dessein de la Porte et Place de France avec ses rues, commencé à construire... durant le Règne de Henry le Grand...*, 1610, par Cl. Chastillon. In-fol. B. ép. Tr. rare.

473. *La Place Dauphine construite... durant le règne de Henri le Grand...*, par Cl. Chastillon. In-fol. — Tr. b. ép. m.

474. *Le grand et magnifique bastiment de l'Hostel de Nevers*, par Cl. Chastillon. In-fol. — Tr. b. ép. m.

475. Veüe de la Place des Victoires, par N. Guérard, 1686, In-fol. — Tr. b. ép. avec le texte explicatif. Rare.

476. La même pièce, copiée par un anonyme. In-fol. — Tr. b. ép.

477. La Perspective du Pont-Neuf, à Paris, par Della Bella. In-fol. — B. ép.

478. La Place Louis XV, par Poisson, père de la M^ise de Pompadour. In-fol. — Tr. b. ép. Très rare.

479. Vue intérieure de Paris, prise du milieu du Pont Royal. — Vue intérieure de Paris, représentant le Port au blé. Deux p. gr. in-fol., par Berthault. — Tr. b. ép. av^t que les armes n'aient été enlevées, m.

480. Vues de Paris : Monuments, Eglises. Trente-deux p. de forme ronde, par Guyot, Le Campion et Roger. — B. ép. imp. en couleurs, m.

480bis. Notre-Dame de Paris. Dix p., la plupart anciennes.

481. Café des Aveugles, au Palais-Royal (à Paris, chez Martinet). — B. ép. Rare.

482. Promenades aériennes, Jardin Baujon. In-fol. — B. ép. m. Rare.

483. Jardin des Tuileries : Le Grand Bassin. — Bosquet des Lutteurs. — Allée des Orangers. Trois p., par Troll. — B. ép. à t. m.

484. *To his Royal highness Louis Philippe, Duke of Orleans, This View of the Palais-Royal*, 1827, par William Daniell. Deux p. in-fol., faisant pendants. B. ép. coloriées, à gr. m.

Paroy (le Comte de)

485. La Caverne des Brigands, 1786. In-fol. — Tr. b. ép. imp. en couleurs, m. Rare.

Passe (Crispian de)

486. Portrait équestre de Louis XIII. — In-fol. — B. ép.

PEINTURE

486bis. La Soubrette officieuse, d'après Challe. Encadrée (cadre orné, moderne).

Petit (Gilles-Edme)

487. Gesvres (J. F. Bernard Potier, duc de), en pied, d'apr. L. M. Van Loo. In-fol. (D. 1897). Tr. b. ép.

Picart (Jean)

488. Schomberg (Ch. de), maréchal de France, 1638. In-fol. Tr. b. ép. à gr. m.

Picart (Etienne)

489. Loisel (P.), d'ap. F. le Maire. Tr. b. ép. du 1er état, gr. m.
490. Montespan (la M[ise] de) (D. 1913). — B. ép.

Picart (Bernard)

491. Séance ordinaire des Estats du Languedoc, 1704. B. ép

Pitou

492. Les Plaisirs innocents. Ovale in-4. — Tr. b. ép. imp. en couleurs, m.

Poilly (Franç. de)

493. Fermat (Pierre), géomètre (D. 1951). In-fol. — Tr. b. ép., m.

Poilly (Nicolas de)

494. Louis de Bourbon-Vendôme, duc de Vendôme (D. 1982). — Tr. b. ép., gr. m.

Portraits

495. ALLEMANDS : Treize p., par divers artistes. — B. ép.
496. ANGLAIS ET ALLEMANDS : Kaunitz (Cte de), par P. Schenck. — Ch. Frédéric, Margrave, Wille. — Struensée par Sintzenich. — Georges III, par Brooksaw. — John Boydel. — Wurmser. — Fréd. Guillaume II, par Mansfeld, etc., Dix-huit p. in-4, et in-8. — Tr. b. ép.
497. ANGLAIS ET ESPAGNOLS. Onze p., par divers artistes. — Tr. b. ép., plusieurs imp. en bistre.
498. Hyder Ally. 2 p[ts], par Le Beau et Maidstone. — Hussein Roza Khan, par J. Singleton. — Acbolikan, ambassadeur. Sept. p. — Tr. b. ép., plusieurs imp. en bistre.
499. JESUITES : Loyola (Ign. de). — St-François Xavier. — St Louis de Gonzague. — Menestrier (le R. P.). — Schall (J. A.), missionnaire en Chine. — Bolland (J.) Onze p., par C. Bloemaert, J. B. Nolin, W. Kilian, Simonneau, etc., — Tr. b. ép.
500. Ferdinand et Henriette d'Etrurie, par M. Kussell. — Rubens et Van Dyck, sur la même pl. par P. Pontius. — A. Spinola. — Maximilien II et Ferdinand II, par P. Van Sompel. — Rospigliosi (J.), par A. Clouet. — Clément XIII, par Poilly. Huit p. in-fol. — B. ép.

501. XVIIe siècle : Anne d'Autriche. — Arnauld d'Andilly. — Madeleine de Vertamont. — Louis XIV. — Bossuet. — Fléchier, etc. Vingt p., par G. Edelinck, Giffart, Gantrel, Vermeulen, Regnesson et autres. — B. ép.

502. XVIIIe siècle : Louis XVI. — Porée (le P.). — Boucher (F.). — Marmontel. — d'Argenson. — Linné. — Stanislas, de Pologne. — St Germain (Cte de), etc. Dix-neuf p., par Bervic, Daullé, De Marcenay, Dupin et autres. — B. ép.

503. Portraits anonymes, anciens et modernes. — Environ quatre cents p. la plupart avant la lettre. — B. ép.

Prud'hon (d'après P. P.)

504. La cruche cassée, par Villerey. — In-fol. Tr. b. ép. avt l. l.

Raffet (A.)

505. Bouat, colonel du 33e de ligne (H. G. 32 RRR et 35 RRR). — Deux p. Tr. b. ép. sur chine, la 1re d'un état *non décrit*, avec cette adresse : *Lit. Ach. Paris, Firenze*.

506. Siège d'Anvers, pl. 1 à 6. Six p. in-fol. Tr. b. ép. sur grand Chine, à t. m.

507. 5 Mai ! (H. G. 780). — Le Défilé nocturne (781). — Le Cri de Waterloo (782). — Trois p. in-fol., par Em. Bry. Tr. b. ép. sur Chine.

Ravenet (Simon).

508. Bullion (Anne-Jacques de), Mis de Farvaques, d'apr. Van Loo. — In-fol. Tr. b. ép. m.

Recueils

509. *Les Hommes illustres qui ont paru en France pendant ce Siècle : Avec leurs portraits au naturel, par M. Perrault, de l'Académie Françoise.* — Paris, Ant. Dezallier, 1696-1700. 2 vol. in-fol. contenant un front., le portrait de Ch. Perrault et 102 portraits, y compris ceux de Blaise Pascal et d'Ant. Arnaud, que les Jésuites firent exclure. Ces planches sont gravées par G. Edelinck et J. Lubin principalement. B. exempl. rel. anc. (quelques pages jaunies).

510. Les Aventures de Télémaque, fils d'Ulysse, gravées d'apr. les dessins de Claude Monnet, par J. B. Tilliard. — Paris, chez l'auteur, 1773. 2 vol., in-4°, exempl. à gr. m., incompl. du frontispice, taches à la fin du second tome. Rel. mar. rouge, fil. or.

511. *Galerie du Palais-Royal, gravée d'après les Tableaux... qui la composent... dédiée à S. A. S. Monseigneur le Duc d'Orléans... par J. Couché.* — Paris, Couché, 1786-

1808. Trois-cent-cinquante-une pl. en cinquante-neuf livraisons, couvertures conservées. B. ép. exempl. à t. m., avec titres, faux-titres, table et prospectus (incomplet de 4 pl.).

511 bis. *Raccolta di le piu illustri et famose citta di tutto il mondo.* Recueil petit in-8° obl., contenant un frontispice et deux-cent-quatre-vingt-sept pl., par Martin Rota et Valegio. — Très rare.

Révolution (Estampes relatives à la)

512. Ouverture des Etats-Généraux (5 mai 1789). — Serment du Jeu de Paume (19 juin 1789). — Deux p. in-fol., par Helman, d'ap. Cl. Monnet. Tr. b. ép. à gr. m.

513. Assemblée Nationale du 17 juin 1789. — Le XIV juillet MDCCLXXXX. — Deux p. in-fol., d'ap. Borel et Monnier. Tr. b. ép. à t. m.

514. Serment du Jeu de Paume (19 juin 1789). — Assemblée nationale, abandon des Privilèges (5 août 1789). — Deux p. in-fol., par Helman, d'apr. C. Monnet. B. ép. m.

515. Monument du Despotisme (La Bastille)... pris le 14 juillet 1789 et démoli aussitôt... *(A Paris, chez Bance).* — In-fol. Tr. b. ép. m. Rare.

516. Pierre Ancise rendu aux citoyens en août 1789, à Lyon. — Tr. b. ép. imp. en bistre. Rare.

517. Le jeune Désilles à l'affaire de Nancy, par P. Laurent, d'apr. Le Barbier aîné. — Gr. in-fol. Tr. b. ép. à t. m.

518. *Tableau allégorique de la Restauration de la liberté des Français* (avec le médaillon de Louis XVI). — *Le Triomphe des Patriotes ou la Chute des Aristocrates*, 1790. — Deux p. in-fol. faisant pendants. Tr. b. ép. m. Rares.

519. Monument à la Gloire de Louis XVI, par Vangélisty, d'ap. Monsiau. — Deux b. ép., dont une avec de nombreux changements : la statue de Louis XVI remplacée par celle de la Liberté, etc...

520. *La Révolution Française, arrivée sous le Règne de Louis XVI... A la Nation Française, les Protestans reconnaissans.* — Deux p. gr. in-fol., par A. Duplessis.

521. Vue perpective du Champ de Mars (Fête de la Fédération) le 14 juillet 1790, par J. B. Chapuy, d'apr. Le Roi. — In-fol. B. ép. imp. en couleurs.

522. Vue du Champ de Mars, le 14 juillet 1790, par Berthault d'apr. Mandar. — In-fol. Tr. b. ép.

523. Vue du Champ de Mars le jour du 20 Prairial (14 juillet 1790), l'an 2e, par Tessier. — In-fol. B. ép. coloriée.

524. Vue du Champ de Mars dit de la Fédération (*A Paris, chez Mondhare*). — Vue Générale de la Fédération Française, par Cloquet. — Deux p. in-fol. b. ép. à gr. m.

525. Dumourier arrête Beurnonville. — Arrestation du duc d'Orléans. — Deux p. par I. Prandi, d'apr. Barbier Tr. b. ép. m.

526. *Réponce à l'Auteur de la Chronique qui appelle Bombe la Bulle du Pape*, 1791. — In-fol. Tr. b. ép., coloriée.

527. Assassinat de Michel Le Pelletier St-Fargeau, par Brion. — Tr. b. ép. m.

528. Journée du 10 Aoust 1792, la France Sauvée. — In-fol. Tr. b. ép coloriée. Rare.

529. *Il n'a qu'à venir, il sera traité de la sorte.* (La Constitution fustige le contre-révolutionnaire), allégorie où est représenté La Fayette. — In-fol. T. b. épr. coloriée. Rare.

530. *La Foire de Coblentz ou les Grands Fantoccini Français.* — G^de Emigration du Roi des Marmottes. — G^de Armée du cidev^t Prince de Condé. — Trois p. in-fol., deux coloriées.

531. *The Martyrdom of Marie Antoinette...* 16 oct, 1793. — *The Martyrdom of Louis XVI...* Deux p. in-4, par Cruikshank, 1793. — Tr. b. ép. coloriées. Rares.

532. Inauguration du Buste de Marat, place de la Réunion à Paris, l'an 2. — In-fol. Tr. b. ép. à t. m., le nom du graveur gratté.

533. *L'Intérieur du Comité révolutionnaire, scène dernière.* (Se vend à Paris chez le C^on Boulet). — In-fol. B. ép. Rare.

534. *Serment fait, le 21 germinal an 4e, par 1500 républicains..... de deffendre la redoute de Montenesimo.....* par Koch. — Gr. in-fol. Tr. b. ép. m.

535. Journée du XIII Vendémiaire, l'an IV, Eglise St-Roch, par Helman, d'apr. Cl. Monet. — Deux ép., dont une très belle, av^t l. l. à gr. m.

536. Combat du Vaisseau *le Vengeur*, par Le Beau, d'apr. Naudet. — In-fol. Deux b. ép.

536. Le Triomphe des Trois Ordres. — Départ des Trois Ordres pour Versailles, allégories. — Trois p. in-fol. Tr. b. ép., la 1re imp. en bistre, deux coloriées.

538. *La Liberté triomphante fesant amarrer le Vaisseau de l'Etat au port de la Constitution,* par Perdriau, d'apr. Monsiau. — Gr. in-fol.

539. Déclaration des Droits de l'Homme et du Citoyen, par L. Laurent, d'apr. Le Barbier aîné. — Gr. in-fol. Tr. b. ép. m.

540. Déclaration sacrée des droits de l'Homme et du Citoyen. — Acte constitutionnel présenté au peuple Français par la Convention Nationale le 24 juin 1793, etc. — Cinq in-4 et p. in-fol., par Mariage, d'ap. Fragonard fils, Petit et Aubert. — Tr. b. ép. m.

Reynolds (d'après sir Joshua)

541. Lady Catherine Powlet, fille du duc de Bolton, par J. R. Smith, 1778. In-fol. — Sup. ép., m.
542. Miss Hornech, par R. Dunkarton, 1778. In-fol. — Sup. ép. avant l. l. Très rare.
542bis. Northumberland (Elisabeth, Csse de). — Fortescue (Lady). — Deux p. in-8, par R. Houston. — B. ép.

Reynolds et **Cosway** (d'après)

543. Giardini (Felice), violoniste, par Hodges? — Marchesi (Luigi), par L. Schiavonetti, 1790. — Deux p. in-4. Tr. b. ép. m.

Rosmæsler (I. A.)

544. Promenade de Leipzig : La place de la Barfuspforte jusqu'à la porte de St-Thomas, 1777. — Curieuse pl. in-fol. Tr. b. ép. à t. m. Rare.

Roullet (Jean-Louis)

545. Edouard Colbert, Mis de Villacerf, d'apr. le marbre de Girardon (D. 2039). — Tr. b. ép.

Saint-Aubin (par et d'après Aug. de)

546. Louise-Emilie, Bnne de***. — Adrienne Sophie, Mise de*** (E. B. 7 et 173). — Deux p. faisant pendants. Tr. b. ép. m.
547. Marie-Antoinette, composition allégorique, d'après C. N. Cochin fils (336). — B. et rare ép. du 2e état, à *l'eau-forte pure*, avec l'encadrement. (Remmargée.)
548. Tableau des Portraits à la Mode, 1re pl., non publiée (379). — Epr. remmargée. Rare.
549. Le Bal paré. — Le Concert. — Deux p. faisant pendants, gravées par A. J. Duclos, 1774 (402-403). Superbes épr., le Bal paré, en premier tirage, avt les inscriptions après le nom de SaintAubin et avt l'adr. de Chereau, m.
550. Le Concert, par A. J. Duclos. — Tr. b. ép. remmargée. Encadrée.
551. L'Heureux Ménage. — L'Heureuse Mère. — La Sollicitude Maternelle. — La Tendresse Maternelle (412-415). — Suite complète de quatre p. Tr. b. ép. imp. en couleurs, avec la 1re adresse, m.

Saint-Non (l'abbé de)

552. Psyché et l'Amour, d'apr. F. Boucher. — Groupes d'Amours, d'apr. H. Fragonard. — Trois p. in-fol. B. ép. imp. en bistre, m.

Savart (Pierre)

553. Deshoulières (Mme), d'apr. Sophie Chéron (F. 16). — Tr. b. ép. du 1er état avt t. l.
554. Le Modèle disposé, par A. Chaponnier. — In-fol. B. ép. à t. m.
555. La Saison des Amours, par Aug. Le Grand. — Gr. in-fol. Tr. b. ép. à t. m.

Schmidt (G. F.)

556. La Mettrie (J. Offroy de). — B. ép. m.
557. La Tour (M. Q. de), dit *au Chevalet*, d'apr. lui-même (J. 89). — Tr. b. ép. à gr. m.
558. Le même personnage, d'apr. lui-même, 1742 (J.). — B. ép. m.
559. La Tour d'Auvergne (L. de), comte d'Evreux, d'apr. H. Rigaud (J. 42). — Tr. b. ép. du 3e état, gr. m.
560. Rousseau (J. B.), d'apr. Aved. — B. ép.
561. Schmidt (G. F.), dessinant (134). — Tr. b. et tr. rare ép. d'un tout 1er état, *non terminé*, avec croquis dans la marge.

Schuppen (Pierre-Louis van)

562. Rochechouart (Guy de Sève de), d'apr. Paul Mignard, 1679 (D. 2254). — Tr. b. ép. à gr. m.
563. Seiglière (J. de), d'apr. A. du Buisson (D. 2259). Gr. in-fol. — B. ép.

Simon (Pierre)

564. Louis XIV, d'apr. Ch. Le Brun, portrait grandeur nature. Gr. in-fol. — B. ép.
565. Le même Monarque, en Costume romain, 1694. — Tr. b. ép. s. m. sur 3 côtés.
566. Le Conte (Nic.), d'apr. N. de Largillière. In-fol. — B. ép.

Simonneau (Louis)

567. Charmois (Martin de), d'apr. S. Bourdon (D. 2299). — Tr. b. et tr. rare ép. du Ier état, avt t. l., m.

Smith (J. R.)

568. Promenade à Carlisle-House, 1781. In-fol. — Sup. ép. d'une charmante pièce. Les deux élégantes que l'on remarque au premier plan de la composition, sont la Dsse de Devonshire et Lady Duncannon. Tr. rare. (Remmargée).

Smith (d'après J. R.)

569. The Moralist, par W. Nutter, 1787. In-fol. — B. ép. m.

Suyderhoef (Jonas)

570. Les Paysans sous la treille, d'apr. A. Van Ostade (W. 124). — Sup. et fort rare ép. du Ier état, avt t. l., et avt les derniers travaux. m.

Sports (Estampes sur les)

571. Steeple Chase Cracks. — Racing Cracks. Deux p. gr. in-fol., faisant pendants, par Charles Hunt, d'apr. Herring et de Prades. — Sup. ép., coloriées, à gr. m. Encadrées. Rares.

572. La Leçon d'équitation ou l'Amante distraite, d'apr. Cœuré, par Alix. In-fol. — Tr. b. ép., coloriée, gr. m.

573. L'Arrivée, par P. L. Debucourt, d'apr. C. Vernet. gr. in-fol , 2e état.

574. Le Chasseur. — Le Retour du Chasseur. Deux p. in-fol., par Debucourt, d'apr. C. Vernet, faisant pendants.

574bis. Le Galop de Chasse. — Suites de Chevaux (nos 14, 35 et 53). Quatre p , par Levachez, d'apr. C. Vernet. — B. ép., la 1re coloriée.

575. Cheval Anglais partant pour la course, par J. Marchand, 1797. Gr. in-fol. — Tr. b. ép., m.

576. Le Prince, cheval de Chasse Anglais, par Lefevre-Marchand, d'apr. C. Vernet. In-fol., colorié.

577. Le Maréchal Ferrant anglais, par P. C. Coqueret, d'apr. C. Vernet. In-fol.

578. Falstaff. — Alexander. — Cock-Robin. — Bourty, chevaux. d'apr. Alf. de Dreux, lith., par Em. Lassale. Quatre p. gr. in-fol. — Tr. b. ép. imp. sur teinte.

578bis. Steeple Chasse à la Croix de Berny, par Bayot et Dandiran. In-fol. — B. ép. imp. sur teinte.

Strange (Robert)

579. Charles Ier, Roi d'Angleterre, d'apr. Ant. Van Dyck (Ch. Le Bl. 45). Gr. in-fol. — Sup. ép. à gr. m.

Tardieu (Jacques-Nicolas)

580. Oudry (J. B), d'apr. N. de Largillière. — In-fol. Deux b. ép. dont une avt que la planche n'ait été légèrement réduite.

Tardieu (Nicolas-Henri)

581. Coypel (Ant.), enfant dessinant, d'ap. C. A. Coypel (D. 2306). — Tr. b. ép.

Thomas (N.)

582. Saint-Germain (le Cte de), célèbre alchimiste, 1783 (D. 2322). — Deux tr. b. ép. dont une avt t. l., non terminée, rare.

Tilliard (Jean-Baptiste)

583. Chappe (l'Abbé), d'après Fredou. Trois tr. b. ép. : eau-forte pure ; non terminée, et avec l. l.

Touzé (d'après)

584. L'Oracle des Amants, par Me Retor et P. P. Choffard. — Gr. in-fol. Sup. ép. avt t. l. à gr. m.

Vaillant (Wallerant)

585. Une jeune Femme tenant un enfant emmailloté ; près d'elle deux jeunes garçons — In-fol. Tr. b. ép. à t. m. Rare.

Vallée (Simon)

586. Savary (J. F.), doyen du Parlement de Metz, d'apr. F. de Troy (D. 2353). Tr. b. ép. m.

Vangélisty (Vincent)

587. Apchon (Cl. Marc-Antoine d'), archevêque d'Auch, d'apr. Tischbein (D. 2365). — Tr. b. ép. du 1er état, avt t. l.

Vanloo (d'après Michel)

588. Oligny (Mlle d') par J. J. J. Huber. — Petit in-fol. B. ép. doublée.

Vermeulen (Corneille)

589. Broglie (Ch. Amédée de), comte de Revel, d'apr. H. Rigaud, 1691, (D. 2376). — Tr. b. ép.

Vernet (d'après Horace)

590. Le Soldat laboureur. — Evasion de M. de La Valette. — Le Chien du Régiment. — Le Trompette. — Quatre p. gr. in-fol., par Lecomte, Ch. Johannot. Jazet et S. W. Reynolds. Tr. b. ép. les 2 premières avt l. l.

Visscher (Lambert)

591. Marie-Thérèse, Reine de France, d'ap. Vanloo. — In-fol. Tr. b. ép.

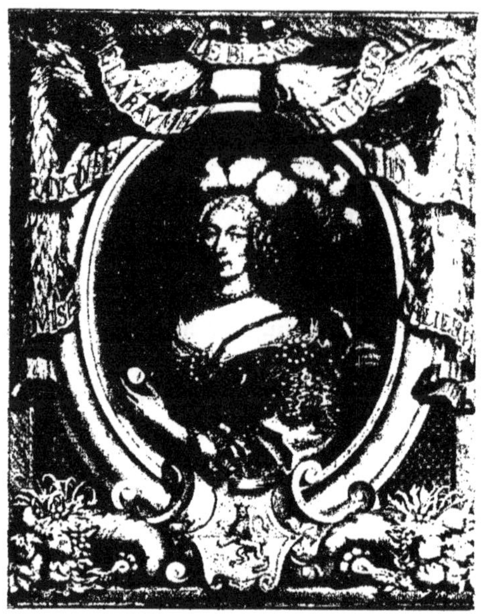

LARMESSIN

(Numéro 296 du Catalogue)

Voitures (Estampes sur les)

592. Calèche à quatre chevaux menés en grandes guides. — Calèche à quatre chevaux attelés à la Daumont. — Deux p. in-fol., par Levachez d'apr. C. Vernet. Epr. coloriées, à gr. m.

593. Voitures de luxe. Treize curieux dessins de l'époque de la Restauration, par Duchesne, de Paris.

Ward (William)

594. Monsieur de Saint-George, maître d'armes, d'apr. Brown, 1788. — In-fol. Tr. b. ép. m.

Watteau (par et d'après Antoine)

595. La Troupe italienne, par Watteau et Simonneau. — Sous un habit de Mezetin... par Thomassin fils. — Deux p. faisant pendants. Tr. b. ép. avec l'adresse de Sirois.

596. L'Amour désarmé, par B. Audran. T. b. ép. m.

596bis. L'Embarquement pour Cythère, par J. Tandieu. — Ep. mal conservée.

597. La Mariée du Village, par Cochin père. — Gr. in-fol. Rare ép. à *l'eau-forte pure*.

598. La Musette, par J. Moyreau. B. ép.

598bis. Spectacle français. — Fête champêtre. — Quoi ! pas même la main ? Trois p. par Dupin, Fessard. B. ép.

Whistler (J. M. N.)

599. Figures de Femmes. Deux lith. — Tr. b ép. sur japon. Rares.

Wierix (Jean)

600. Médecis (Marie de), 1601 (A. 1979). In-4. — Sup. ép. Tr. rare.

Wille (Jean-George)

601. Massé (J. B.), d'après L. Tocqué (Le Bl. 41). B. et tr. rare ép. du 1er état, avt t. l. m.

Wille fils (d'après P. A.)

602. Le Miroir consulté, par Vidal. Ovale in-fol. — Tr. b ép. imp. en couleurs, gr. m.

ESTAMPES OMISES

Alix (P. M.)

1bis. Franklin (B.), d'apr. Vanloo. Ovale in-fol. — Sup. ép. imp. en couleurs, m.

Lasne (Michel)

298bis. Le Tellier (Mich.), 1661. In-fol. — B. ép.

Ostade (Adrien Van)

470bis. Le Goûter (B. 50). Deux ép., une avt l. l. et un grand nombre de travaux.

Watteau (d'apr. Ant.)

598ter. Mademoiselle *** (Rosalba Cariera ?). In-4, par J. M. Liotard. — Tr. b. ép. Rare.

IMP. FLOURY ET MARTY, 1, Bd DES CAPUCINES

www.ingramcontent.com/pod-product-compliance
Ingram Content Group UK Ltd.
Pitfield, Milton Keynes, MK11 3LW, UK
UKHW020445180726
13839UKWH00004B/1636